书·美好生活
Book & Life

书,当然要每日读。

青春期男孩养育

父母需要知道的事

（日）中野日出美 —— 著
Nakano Hidemi

沈于晨 —— 译

北京时代华文书局

图书在版编目（CIP）数据

青春期男孩养育：父母需要知道的事 /（日）中野日出美著；沈于晨译. — 北京：北京时代华文书局,2021.12
ISBN 978-7-5699-4141-8

Ⅰ. ①青… Ⅱ. ①中… ②沈… Ⅲ. ①男性-青春期-家庭教育 Ⅳ. ①G782

中国版本图书馆CIP数据核字(2021)第225075号
北京市版权局著作权合同登记章 图字：01-2020-0508

SHISHUNKI NO OTOKONOKO GA OYA NI MOTOMETEIRU KOTO
Copyright © 2018 by Hidemi NAKANO
Interior illustrations by sayasans
All rights reserved.
First published in Japan in 2018 by Daiwashuppan, Inc. Japan.
Chinese translation rights arranged with PHP Institute, Inc., Japan.
through CREEK & RIVER CO.,LTD. and CREEK & RIVER SHANGHAI CO., Ltd.

青春期男孩养育：父母需要知道的事
QINGCHUNQI NANHAI YANGYU FUMU XUYAO ZHIDAO DE SHI

著　　者	[日]中野日出美
译　　者	沈于晨
出 版 人	陈　涛
图书策划	陈丽杰　冯雪雪
责任编辑	袁思远
执行编辑	冯雪雪
责任校对	张彦翔
内文插画	sayasans
封面插画	路荣荣
封面设计	左左工作室
内文版式	孙丽莉
责任印制	訾　敬

出版发行 | 北京时代华文书局 http://www.bjsdsj.com.cn
　　　　　北京市东城区安定门外大街138号皇城国际大厦A座8楼
　　　　　邮编：100011　电话：010-64267955　64267677
印　　刷 | 河北京平诚乾印刷有限公司　010-60247905
　　　　　（如发现印装质量问题，请与印刷厂联系调换）

开　　本	880mm×1230mm　1/32	印　张	6.5	字　数	110千字
版　　次	2022年4月第1版	印　次	2022年4月第1次印刷
书　　号	ISBN 978-7-5699-4141-8
定　　价	45.00元

版权所有，侵权必究

前言

致因青春期儿子而烦恼的你

谢谢您拿起这本书。

"烦死了!一个劲儿唠叨。别管我!"

那时我儿子突然进入青春期,极度反抗,言语和态度也很粗鲁,我对此备感震惊与畏缩——回头一想,这竟然已经是20年前的事了。

儿子以前一直是个性格温和、不麻烦别人的孩子,但进入青春期后就变得不听话了,无论我说什么他都反着来,几乎没在我面前露过笑脸。

作为母亲,我拼命地想让他听话,希望他明白我是为他好,但我越积极,儿子的心就离我越远。

他曾经那样依恋母亲,但现在却几乎视我为敌人,无论我说什么，他都只是觉得很烦……之后，我学习了心理学，作为一名心理治疗师，帮助了 3000 余人解决亲子关系的问题。作为一名抚养女儿和儿子长大的母亲，我也受益匪浅。

现在，我清楚地知道当时儿子的那些反应非常正常，错的是身为母亲的我。如果儿子进入青春期，那么我也必须切换开关，摇身变成青春期孩子的母亲。

虽然上头还有个女儿，但儿子是我们家的长子，对我来说是第一个男孩儿。

十分惭愧，我之前并不知道男孩的青春期如此麻烦。当时我相当头大，查阅了许多关于青春期的资料，还读了很多育儿书。

我觉得每本书讲得都有些道理，但具体方法很少，即便能够施行，似乎也都是"头痛医头"，或者只写了些很虚的话，比如"的确，如果能那么冷静地处理，就不会有问题了……"。

因此我和儿子的关系自然处理得不好，他的问题愈发严重。

如果现在再抚养一个青春期男孩的话……虽然我可能

会微微叹口气"唉……"，但我想我应该会很开心地做一个青春期男孩的母亲。

为什么这么说呢？因为通过学习沟通分析理论[1]、现代催眠以及神经语言程序学（NLP）[2]心理疗法，我能清楚地知道父母必须为青春期男孩做的事、如何应对青春期特有的问题以及父母自身应该面对的事情。

实际上，我从事了近20年的治疗工作，主要应用的就是沟通分析理论、现代催眠以及NLP疗法。这种方法可以感染孩子的内心，而非停留于表面。不仅如此，它还能将孩子的人生引向光明。

它不是小把戏一般的对症疗法，而是根源性的处理方法。如今，我把这个方法教给了很多家有青春期孩子的父母，他们也付诸了实践。

---

[1]译注：由美国精神科医师艾瑞克·伯恩（Eric Berne）所提出，是一门运用广泛的心理治疗理论。
[2]译注：一门研究人类"大脑""语言""行为"三者如何运作与影响个人思维、行动模式的学问。

您也许会备感疑惑："啊？你不觉得这种方法不太靠谱吗？"但是，真的有很多父母和孩子的关系及人生因为这种方法而好转。

让我们来听一听一部分"喜悦之声"吧——

● 读初中二年级的儿子不去上学，我一直为这事烦恼，和老公也吵过很多次，身心俱疲。半年前我接受了中野老师的治疗，现在，儿子已经正常去学校上课，家庭生活也恢复了平静。真的非常感谢！

(T女士，39岁)

● 大概是我儿子读初中一年级的秋天吧，他把房间搞得一团糟，还动粗。我和妻子的情绪都很低落，也很担心，觉得这是因为他是独生子，我们太宠他造成的……那时我们很害怕儿子。但是现在，我们作为父母，面对孩子很有自信。谢谢！

(H，41岁)

● 虽然他是我儿子，但看着他那副不学习到处闲逛的样子，我还是感到生气和可悲。我想着我是爸爸，就一个劲儿地严厉批评他，但是儿子的行为却更加恶劣。我尝试中野老师教我的方法时是半信半疑的，但是托老师的福，我儿子现在就读于县内最好的高中，尽情享受着青春年华。

（A先生，45岁）

- 儿子念初中一年级，当我知道他遭受欺凌时，我很愤怒，同时他的软弱也让我生气。当中野老师告诉我"这样不仅解决不了问题，还会逼得孩子走投无路"时，我相当惊讶。虽然儿子现在还是有些胆小，但他的朋友很照顾他，我很放心。

（K，47岁）

- 我知道儿子想割腕的时候不知道该怎么办，心慌意乱，于是我吼了儿子。然后接下来的每一天，我都在和儿子战斗。但是中野老师告诉我，"请不要和儿子战斗，而是要和你自己战斗"，于是我按老师说的去做。托老师的福，虽然花了些时间，但现在我和儿子互相理解，甚至可以共同成长。

（O，42岁）

● 我实在厌烦儿子的粗话和恶劣态度，还想过"啊，早知如此我就不生男孩了……"。我讨厌这样的自己，日渐失去了作为家长的自信。但现在，我甚至能和儿子笑着谈论当时的事情。真的非常感谢中野老师！

（W，45岁）

虽然这只是一小部分，但只要这样做，任何人都可以扭转困局。接下来，我想说一件非常重要的事情。

首先，我希望大家明白，父母也是独立的人。

父母有时也会失败，比如对最爱的儿子发怒，对互不理解的关系不知所措，虽出于一片好心但事与愿违。

那时，您会责怪作为父母的自己，觉得很对不起孩子吧？您也曾厌烦地想过"为什么我非得这么操劳呢"吧？

这都是因为您从心底爱孩子。正因为父母比任何人都爱孩子，担心孩子胜过担心自己，所以才会心痛，才会有时害怕得夜不能寐，有时觉得十分生气。

我深切地理解父母的心情。本书收录众多针对青春期男孩的应对方法，这些方法均应用了沟通分析理论和潜意识心理疗法。

但是，不管有多少种方法，都只是为了贯彻以下两点的手段而已：

第一点，让儿子明白，父母是世界上最爱他的人。

第二点，为儿子付出，也是身为父母的您的幸福。

希望您明白这两点，这对您儿子的身心发展，乃至未来的人生，都有重要的影响。

"啊？这是为什么？"或许您会有疑问，当您读完本书后，我相信您会得到答案。我衷心希望，手握本书的您能与您珍视的儿子一同拥有温暖的人生。

亲子心理交流协会代表 中野日出美

目录

序章
青春期是纠正养育方式的关键时期

1 你知道青春期男孩的特征吗？／002

2 父母应该对青春期男孩采取的3种方式／006

3 父母对孩子人生的影响如此之大／011

4 青春期男孩容易具有的问题分为5大领域／018

第一章
男孩叛逆，事出有因
—— 身心问题

1 对身体的急剧变化感到困惑／022

2 生活混乱不规律 / 024

3 缺乏正确的性知识 / 028

4 情绪起伏十分剧烈 / 032

5 过度完美主义，做任何事情都过于努力 / 036

6 不知为何，最近没什么精神 / 039

7 自我肯定感低下 / 041

致身为父母的您 / 045

守护孩子身心的"如果问题" / 050

第二章
男孩的真心会表现为这种态度和言行
—— 人际关系问题

1 朋友关系不和谐 / 054

2 频繁说朋友、前辈和老师的坏话 / 056

③ 兄弟之间常常吵架，并伴随暴力和谩骂／058

④ 因为性格成熟，所以总是吃亏／061

⑤ 遭受朋友欺凌／063

⑥ 欺凌朋友／067

⑦ 无法接受疼爱自己的祖父母以及宠物离世／069

致身为父母的您／073

改善孩子人际关系的"如果问题"／078

第三章
男孩能回答"为什么必须要学习"这个问题吗？
—— 学习问题

① 总之就是不学习／082

② 如果孩子说"我不明白学习有什么意义"／084

③ 明明在学习但成绩却很差／088

4 孩子提出"想填报比之前志愿学校排名低的学校" / 090

5 说想填报没希望录取的学校 / 092

6 因成绩而极度低落 / 094

7 拼命去考的学校却没考上 / 098

致身为父母的您 / 102

提高孩子学习能力的"如果问题" / 106

第四章
拥有成为孩子"最后的堡垒"的觉悟和勇气吧
—— 亲子关系问题

1 态度和语言都呈反抗状态 / 110

2 不遵守家庭规则 / 112

3 威胁父母,把父母当作笨蛋 / 114

4 在家里大闹或在家里施暴 / 118

5 和父亲对立 / 121

6 孝顺父母，所以几乎不反抗 / 123

7 父母不睦、分居或离婚 / 127

致身为父母的您 / 131

改善亲子关系的"如果问题" / 136

第五章
不上学和不良行为都是孩子的 SOS
—— 危险行为问题

1 过度依赖手机和游戏 / 140

2 孩子不去上学 / 142

3 欺负比自己小的孩子和小动物 / 146

4 有偷窃、夜不归宿等不良行为 / 148

5 异常在意别人的眼光 / 152

6 做出危害自己生命的行为 / 156

7 做出割腕等自残行为 / 158

致身为父母的您 / 160

改善孩子问题行为的"如果问题" / 165

终 章
父母应该培养青春期男孩的
5 种能力和绝不能做的 11 件事

1 父母应该培养青春期男孩的 5 种能力 / 168

2 父母绝不能做的 11 件事 / 174

3 如果父母得到治愈,孩子的问题自然会解决 / 183

后记 | 如果父母变得幸福,孩子也一定会幸福…… / 187

序章

青春期是纠正养育方式的关键时期

这个时期的男孩既不是成人，也不是孩子，微妙的心理和身体变化令他们深感不安。

正迈向大人阶段的青春期男孩处于自立和依赖的矛盾之中。

总之，当孩子处于青春期时，孩子和父母有很多矛盾。

男孩的青春期对于父母来说无疑是养育之路的最大难关。

但正是这个时期，是纠正养育方式的关键时期。

1

你知道青春期男孩的特征吗?

◆ 为什么孩子突然变得反抗?

一直黏人又可爱的儿子为什么突然像变了一个人？父母对于青春期男孩不稳定的情绪和反抗性的态度感到困惑又混乱。

那么青春期男孩具有哪些特征呢？让我们来看几个代表性的特征吧。

① 心理发展跟不上身体的急剧变化

一旦进入青春期,男孩飞快长高,开始长出阴毛和腋毛,体毛和胡须都变得浓密,体格变得健壮;长出了喉结,变了声,皮脂分泌也变多,还开始长粉刺;性器官变大,初次遗精。

男孩发生这种变化是因为受到男性荷尔蒙的影响,男性荷尔蒙从小学高年级左右开始大量分泌。这种变化不仅涉及身体,也波及心理。心理变化具体表现为性格变得具有攻击性,情绪不稳定。

青春期男孩的身体每天都在成长和变化,但心理发展却跟不上这种变化速度,所以他们会感到混乱和不安。

② 对性问题感兴趣又觉得有罪恶感,十分矛盾

一旦进入青春期,男孩对女孩的兴趣及性渴望就会升高。他们会对性爱抱有强烈的关心,以及对初次遗精和自慰感到罪恶。

青春期男孩一面控制自己,一面又处于自我理想化和性冲动的矛盾状态。

③ 大人和孩子之间存在自立和依赖的矛盾

青春期是孩子变成大人的准备期。这是一段不平衡的时期，尽管身体急速向大人转变，但心理发展还赶不上这种转变速度。

的确，青春期是大人和孩子的中间阶段，处于青春期的男孩迫切地希望自立，但现实是还必须依赖父母生活，于是他们因为身处这种夹缝且无法解决而十分苦恼。

④ 一边和父母、和自己战斗，一边探索真正的自我

孩提时代，孩子一门心思地信任、依赖父母，向父母撒娇，现在却突然变得反抗父母，抵抗大人和社会，甚至连自己也不认可，完全就像和世界的一切为敌——这就是青春期的男孩。

他们不断探索着，有时厌恶，有时同情，他们开始把父母当作独立的人看待，也继续不断追求自我独立。

⑤ 与父母分离，开始准备自立

青春期对于男孩和父母来说是分离时期。迄今为止一直一心同体的亲子，能不能各自作为一个独立的人健全分离，然后掌握自己人生的命运呢？可以说这的确是青春期最大的难题吧。

以上就是青春期男孩的代表性特征。父母无疑会为如何应对这些问题而感到困惑。因此在下一章中，让我就作为父母应该作何态度来进行说明吧。

2

父母应该对青春期男孩采取的 3 种方式

◆ 父母和孩子都万分困惑的每一天

青春期男孩正处于人生最大的矛盾之中,他们面对着各种各样的问题。因为尚且无法如设想般控制身心,所以他们的情绪很不稳定,他们常常刚刚反抗了父母却又表现出想撒娇的样子,或者又突然沉默,令父母备感困惑。

他们的人际关系较童年变得更复杂,父母无法全部掌握。不仅如此,而且他们身边还潜藏着性问题、学习问题甚至威胁身心的陷阱,这是一个非常敏感且危险的时期。

这些问题很有可能会影响孩子的整个人生——这是青春期的一大特征。

◆ 因为父母的育儿方式，男孩的未来将发生巨变

我儿子之前一直是个诚实可爱的孩子，但他进入小学高年级以后明显开始反抗。

他看我的眼神日益变得可怕，因为一点小事就会生气，跟他说话也不搭理我……只限于此倒也罢了，他还屡屡不遵守家庭规则。

当时，我常常想："也和他这个年纪有关系，老是说不理……但是，什么都不说也不行……"

虽然我在儿子经历青春期时也有各种困惑，但如今我作为一名用潜意识提供治疗服务的心理治疗师，处理了众多亲子关系，正因为如此，我懂得了很多。

首先，父母不能用司空见惯的方法来对待青春期男孩，也就是说，父母必须根据问题的深浅和大小改变处理方法。

最重要的是，父母在这一时期的育儿方式不仅会影响之后的亲子关系，还有可能会令孩子的整个人生发生巨变。

孩子的青春期对父母来说也是一个关键时期。

◆ 靠近、面对和拥抱孩子时

对待青春期男孩，父母不能像之前那样对每件事情都指手画脚。

虽说如此，但他们终究还是孩子，所以，作为父母，有很多事情必须教给他们，有时也需要严厉地批评他们。

但是，分清什么时候该旁观，什么时候该批评非常困难。旁观和放任不是一码事，批评和发火也不能混为一谈。

最重要的是，您要记得，无论旁观还是批评时，哦不，是无论何时都要告诉孩子，您是发自内心地爱他。

也就是说，根据孩子的问题和状况的不同，父母要与孩子保持适当的距离，采用恰当的相处方式。

我认为主要应用3种方式对待孩子：

一、一边温和地关注孩子，一边悄悄地"靠近"。

二、坚定地和孩子"正视"，也就是"面对"。

三、坚定地"拥抱"孩子的内心。

让我来一一说明。

首先是"靠近"，孩子如今正挣扎着成为大人，父母不要在心理上远离他们，而要温和地注视孩子去挑战。

其次是"面对"，有时要站在孩子面前和他们对视，教导他们，批评他们，与此同时，父母也要面对自身的问题。

第三是"拥抱"，无条件地接受孩子的内心和存在本身。

本书将列举青春期男孩在心理、身体、人际关系、学习等各个方面的问题，并探讨问题的本质及处理的方法。

其中，我会在具体情况中告诉您应该采用"靠近""面对"和"拥抱"中的哪一种方式。

当然，有时根据问题的不同，会同时需要"靠近"和

"面对"两种方式,那时就需要灵活应对。

虽然本书并不能涵盖所有孩子可能遇到的具体问题,但在了解多种问题的解决方法后,相信您一定能找到解决自己孩子问题的独特方式。

无论如何,如果用心去思考,把各种问题归类为"靠近""面对""拥抱"的其中一种,然后再往下读的话,那么效果就会显著提升吧。

3

父母对孩子人生的影响如此之大

◆ 人按照潜意识中的"人生脚本"活着

沟通分析理论认为,人通过童年时和父母的相处方式,在心底决定了"我是一个怎样的存在,要怎样度过人生"。

这完全就像电影和电视剧的剧本,因为连"这样与他人相处,这样活着,这样死去"这些事情都已经写好,所以被称为"人生脚本"。

因为"人生脚本"位于潜意识的深处,所以人基本上无法知道自己的人生脚本是怎样的。

但如同魔咒一般，我们在不知不觉间就按照那个剧本活着。

"人生脚本"源自父母给予孩子的语言、非语言信息以及父母自身的生活方式。

也就是说，孩子一边观察来自父母的信息和父母的生活方式，一边写完自己的"人生脚本"。

虽然"人生脚本"在幼年就已经写成，但我从长年的治疗经验中切实地感觉到，剧本彩排的时间是在青春期。

所以，如果青春期的彩排顺利，那么整个人生应该就会按照剧本发展；如果不太顺利，那就可能会改写剧本。

当然，如果幼年时书写的"人生脚本"对于孩子的人生来说是幸福的，那么彩排就会顺利进行，为了彩排顺利，父母要做好辅助，对吧？

但是，如果觉得"人生脚本"

会导致孩子的未来不幸，那就有必要通过青春期的彩排将剧本改写成幸福结局。也就是说，如果孩子处于青春期，那么父母还能帮忙将孩子的"人生脚本"改写得更好。

◆ 胜负尚未分

您知道吗，青春期对于孩子的人生来说是一个非常重要的时期。

如果对之前的育儿方式留有后悔和负罪感，那么孩子的青春期对于父母来说，也是可以改变育儿方式的一个时期。

在拙作《男孩养育课：在男孩潜意识里种下7颗"成功种子"》中，我主要谈论了父母应该如何应对青春期前孩子的潜意识。

实际上，青春期之前的时间是写好孩子"人生脚本"非常重要的时期。那么过了那个时期，孩子进入青春期后，就来不及了吗？

当然不是。

正如前文所说，我为3000余对亲子提供过治疗，我认为父母对青春期孩子采取的教育方式具有极大的影响力，几乎能够改写孩子的"人生脚本"。

因此，家有青春期孩子的父母，为了以后不后悔，请一定要好好经营和孩子之间的关系。

最重要的是不要浮于表面，而要深入孩子的内心深处。无论父母多想靠近、面对和拥抱孩子的内心，但如果没能传达给孩子，那就毫无意义。

本书将会介绍如何坚定地靠近孩子的内心，认真地和他们面对面以及拥抱他们。如果能够正确实践，那么您的想法一定会传达给孩子，所以请放心。

◆ 父母和孩子就像镜子内外的影像

应该没有父母不希望孩子幸福吧？只要是父母，都是担心孩子胜过担心自己，想为孩子做任何事吧？

如今我和儿子之间的关系就像成年人之间一样和睦、平稳，但当他处于青春期时，我们之间的关系曾降到冰点。

大概从小学高年级开始，儿子就突然进入了激烈的反抗期。他之前一直老实又成熟，但从那时开始，他的态度变了，似乎把我视作敌人一般。

我记得那时我作为一个母亲，感到不知所措、无所适从。

当然，即便儿子进入青春期后对我的态度只有生气，我对他的爱也毫无改变，一直担心着他的心理、身体健康和人生。

但当我们的关系变得很差，我无法很好地解决儿子身上的问题。即便如此，我还是拼命地去缩小我和儿子之间的距离，从中我明白了必须靠近孩子的内心，从那之后，我们的关系开始渐渐缓和。但仅仅如此并不能从真正意义上改写儿子的"人生脚本"。

儿子从幼年时期开始就受到我的影响，因自我肯定感低下而产生各种问题并受到困扰。这些问题也对其学习和人际关系等有所影响。

当时的我一方面希望成为儿子的力量，一方面却又不知道除了靠近儿子的内心之外还能做些什么，我每天都觉得什么都没能做的自己非常窝囊。

自那时起，我去学习了心理学和潜意识，然后为许多人提供了治疗服务，在这当中，我终于意识到：父母和孩子就像镜子内外的影像一样，父母的内心创伤会以某种形式作为孩子的问题表现出来。

我认为我身为一个母亲,在自己没有被治愈,内心深处还有伤痛的情况下,必定无法改写儿子的"人生脚本",因此我从那时开始积极地去面对自己内心的伤痛。

具体来说,就是想象自己与潜意识里那个童年时期"内在小孩(Inner Child)"对话。我称之为"内在小孩疗法"。

这对我来说是件坦率、艰辛和痛苦的事情。当时,我每次和想象中的"内在小孩"见面都会哭泣,但这项治疗渐渐治愈了我内心的伤痛。

那么,我身上发生了什么变化呢?

首先,我对待孩子们的心情和态度开始明显有所转变。

其次,在我意识到、承认并治愈受伤的自己的过程中,我自己的人生也开始大幅好转。

与此同时,儿子的各种问题也有所好转。

我因为这次成功体验而拥有了自信,从那之后,对于面临孩子问题的来访者,我积极地为他们提供针对性建议,同时也让他们意识到自身的内心伤痛,并获得疗愈。

于是,来访者不仅改变了自己的人生,也解决了孩子的问题。乍一看,父母的内心伤痛和孩子的问题毫无关系,但实际上关系十分密切。

因此,本书除了介绍如何解决孩子的问题,还会教父母如何治愈自己内心的伤痛。为了您心爱的儿子,希望您也一定要面对且治愈您内心深处的伤痛。

4

青春期男孩容易具有的问题分为 5 大领域

◆ **准备好了吗?**

首先,本书将青春期男孩容易具有的问题分为 5 大方面,从第一章到第五章分别进行总结,最后在终章中说明父母应该培养孩子的 5 种能力以及父母不能做的 11 件事情。

第一章将介绍男孩处于动荡的青春期时具有的身心问题。

第二章将介绍现代的欺凌问题以及青春期男孩面临的

人际关系问题。

第三章将介绍与男孩人生直接相关的各种学习问题。

第四章将谈到最令人烦恼的日常亲子关系问题。

第五章说的是父母最应该警惕、防止的青春期男孩特有的危险行为问题及其对策。

各个章节将一一举出青春期男孩容易陷入的7大问题、在潜意识层面所期望的事情以及对于男孩来说必要的教养方式,并说明父母的应对方法。

在各章的最后,我增添了"致身为父母的您"(其中包含"治愈父母的童年创伤"),还有能够作用于父母潜意识的"如果问题"。

通过回答"如果问题",您的潜意识就会被揭开,在不知不觉间令儿子远离各种问题,带领他走向更成功的人生。

请一定要单独以及和配偶一起,偶尔也带上儿子,一起幽默快乐地回答问题,这样会获得更好的效果。

我将在本书中尽可能地多为大家讲述一些在养育青春期儿子时容易忽视的事情以及普通育儿书中未曾提及的

事情。

  我希望这本书里的每一个章节、每一个案例,哦不,是每一行文字都能启发您的心灵,令您儿子的人生更加闪耀。

第一章

男孩叛逆，事出有因
——身心问题

人们总是要求男孩"坚定""优秀"。

青春期男孩虽然表面上很叛逆，但他们的内心其实像玻璃工艺品般脆弱。

拥有金钱和地位并不代表获得了真正意义上的成功。

所以为了让他们身心健康并拥有幸福的人生，父母必须在男孩处于青春期这个阶段时多加注意。

1

对身体的急剧变化感到困惑

"有一次我儿子叫我,我回过头去,却看到一个高高大大的男人直挺挺地站在我面前,可着实把我吓了一跳,甚至冒出来这样的想法——'咦?你哪位?'"

浩二(初中二年级)正处于青春期,他的体格日益增长。

男性荷尔蒙快速分泌导致青春期男孩的身体发生惊人的变化,比如开始变声,胡须变得浓密,开始长出阴毛和腋毛。

那个喊着"妈妈！妈妈！"的黏人小男孩日渐健壮，作为母亲，心情应该莫名复杂吧？

但是，因身体急剧变化而最为困惑和混乱的是孩子自己，适应不断变化的自己是件很难的事情。

此外，睾酮还会导致强烈的性冲动。因为睾酮对情绪也会产生极大影响，所以青春期男孩有时会十分焦躁，还具有攻击性倾向。于是，他们周围的成年人就容易被他们这种不稳定的情绪折腾，但和表面上的暴躁相反，他们的内心就像玻璃工艺品一样脆弱，非常容易受伤。

因此，绝对不能毫无顾忌地嘲弄他们的身体变化。

为了不让青春期男孩潜意识里觉得"我的身体变化很羞耻"，让我们悄悄地守护他们吧。

2

生活混乱不规律

"真是烦死这孩子了。晚上不睡早上不起,净给我迟到!总也不去洗澡,叫他吃晚饭也没反应。"

达也(初中二年级)每天的生活很不规律,不知不觉间,他洗澡和吃晚饭的时间都和家人错开。

和幼年时不同,一旦到了青春期,男孩就变得讨厌受父母管束。

实际上,即便父母只是教育他们、给予忠告,而非束缚他们,但是对于正向成年人转变的青春期男孩来说,顶撞父母才是正道。

他们很晚才回家，无论催几遍都不去洗澡，熬夜不睡早上不起，结果上课迟到……循环往复，他们的生活就逐渐变得很不规律。

因为他们已经不是小孩子，所以某种程度上只能放任不管。

但应该管束的事情就要好好管束，这也很重要。首先，规定好门禁。不洗澡最后脏的是他们自己，所以这一点放任不管也无妨。迟到也同理，因此早上也没必要叫他们起床。

请让他们严格遵守吃早饭和晚饭的时间。吃早饭的习惯代表健康地开启新一天的生活。另外，请尽量让他们和家人一起吃晚饭。即便孩子吃饭时闹情绪或者一言不发，父母也请照常交谈，令用餐气氛轻松愉快。

就算只是营造气氛也没关系，这样的话，孩子就会在潜意识中觉得"我有一个能安心回来的地方""家里有我的一席之地"。和家人一起用餐对孩子的身心健康及培养孩子的自我肯定感来说都很重要。

迄今为止，我治疗过许多人，在这当中我切实地感受到，孩提时代总是和家人一起温馨用餐的人更能控制自己的生活。或许一家人每天一起用餐这种习惯自然而然地形成了一天的旋律吧。人们都觉得通过和家人的交流及建立关系可以获得安心与快乐。

反之，父母都很忙，总是独自或者只和兄弟姐妹一起吃饭的人，似乎在生活和工作上都很难自控。

总之，那些成年后依然无法戒掉饮酒过量、熬夜等恶习的人潜意识中都隐藏着"尽可能享乐""别去想那些麻烦的事情"等想法。这就是因为在幼年到青春期之间的那段时间没能养成自控的习惯。

因此，必须让孩子在日常生活中严格遵守的另一条规则就是"保证睡眠时间"。

青春期的孩子每天至少要睡 7 到 10 个小时。如果睡眠不足，不仅仅会影响身体发育，还会对心理产生负面影响，比如心情低落、注意力分散。

告诉孩子睡眠不足会对身体产生什么影响，然后让他们保证充足的睡眠吧。

尽管孩子正处于很难管教的年龄，但如果放任他们的基本生活节奏不管，那么他们成年后的生活就会十分散漫，最后很可能每天被时间追赶,做不想做的事情,想做的事情却做不了,就这样过着缺乏自控力的人生。

虽说是青春期,父母也要立规矩,规定孩子"至少遵守这一点",这非常重要。然后告诉孩子,除此之外的事情我们会给予你一定程度的自由。

3

缺乏正确的性知识

"总觉得他最近好像交了女朋友。很晚才回家,电话粥一直煲到半夜,真是担心啊……"

高一的修三沉迷于初恋。他觉得即便交往发展到性行为,但只要结婚负责任就行。

对于身体快速变化的青春期男孩来说,性问题无可避免,但日本学校的性教育大大落后于世界水平,所以在性问题上,家人必须好好引导孩子。

可是仔细想一想,就连我们自己可能都没有在学校或者我们的父母那里好好接受过性教育吧！

女孩和母亲性别相同，所以母亲可以教她们身体结构和生理、性爱、性病、性侵的相关知识。而相较于她们，现实中很多父母对男孩则是采取放任不管的态度，男孩们在对正确的性知识一无所知的情况下突然进入了青春期，所以他们对性器和体毛的发育、遗精、性冲动等十分困惑，深感不安与混乱，觉得"我是不是很奇怪"。

于是他们只能依赖"网络信息"，但网络上不良信息泛滥，往往会推荐一些错误的、过激的东西及歪曲的性行为。所以他们就有可能对"性爱"产生误解，其实性爱本质上只是一种肉体上的爱情表现。

如今，越来越多的男性只对网络和动漫世界中的女孩子感兴趣，他们觉得现实世界的成年女性很可怕，无法交往。此外，在母亲的过度保护、干涉及关爱下成长的男性，他们在精神和肉体上都不成熟，会希望从恋人那里获得母亲般的爱。

另一方面，母亲虐待或者放弃育儿则会导致男性对女性产生不信任感和仇恨，伴有歪曲的性冲动。

这两种情况都有可能在男孩的潜意识中植入"女性对

男性来说并非平等的相爱对象，而是为了满足男性的欲望"的思想。

因此，青春期男孩和母亲的关系很重要，同时，父母双方的关系也会对他们产生很大影响。

我们要让青春期男孩知道男女平等，让他们掌握正确的性知识，这一点非常重要。

如果可以的话，请让父亲来承担青春期男孩的性教育任务。"爸爸青春期那会儿……""爸爸在你这个时候也很烦恼呢"等，父亲自然地将自身经历告诉孩子然后教育他们，这样会更好。

如果没法儿指望父亲，那也可以拜托身边亲近的成年男性，如果身边连这样的人也没有的话，那就找一些性知识相关的优秀书籍给孩子阅读，告诉他"你已经是一名初中生了，也该学一学这些知识"，这也是一种方法。

的确，母亲很难和儿子解释某些关于性的细节，男孩自己也会很讨厌吧。但是，站在女性的立场，坦率地谈论恋爱和性爱是件好事。如果新闻播报了相关案件，不如试着直白地和孩子谈论，"男人和女人的身体是不一样的，对于性爱的想法也不尽相同吧"。

此外，根据统计，现代在日本每十三人中就有一人是LGBT【（女同性恋者（Lesbians）、男同性恋者（Gays）、双性恋者（Bisexuals）、跨性别者（Transgender）的英文首字母缩略字）】。

实际上，我的来访者中也有不少LGBT，他们从孩提时代起就觉活着很艰难。这类群体最烦恼、最苦闷的时期就是青春期。

如果孩子被认为"可能是LGBT"，绝对不要逼问他们或者生气发怒，请温柔地守护他们吧。

万一他们真的出柜，也不要否定他们或者硬要纠正他们，请接受他们吧，告诉他们"是吗？你肯定备受煎熬吧"。请记住：在您眼前的，是您最心爱的孩子。

4

情绪起伏十分剧烈

"孩子因为一点点小事马上就生气。原以为他在生气吧,没想到又陷入了极度低落……"

初中一年级的干泰君的母亲似乎总是被儿子的情绪戏弄。

正如之前所说,青春期男孩因为男性荷尔蒙的影响,情绪起伏变化十分剧烈。他们动不动就有攻击性,突然焦躁,又马上因为一点点小事而低落……

如果父母对突然生气的孩子说"喂!你这是什么态

度?真的是太任性了!"之类的话,孩子就容易再次生气。

沟通分析理论认为"人类真正的情绪分为四种"。那就是愤怒、悲伤、胆怯和喜悦。这四种情绪基本上都是合理的情绪,人感觉到这些情绪是理所当然的,感觉到这些情绪很好。

您可能会觉得"啊?感觉到愤怒和悲伤也是好事?甚至胆怯也是?"

是的,愤怒、悲伤和胆怯都是合理的情绪。例如,如果自己和对自己来说重要的存在受到伤害,那么人理所当然地会感到愤怒。愤怒是为了守护自己和对自己来说重要的存在所必需的情感。

如果失去了重要的人和物，人理所当然地会感到悲伤。悲伤带来的负面情绪会平衡精神健康，是人天生的自我保护功能。

另外，例如人在关乎人生的重要考试前会不安、会胆怯，对吧？

正因为胆怯，才可以对危险和失败做好准备。

正因为喜悦，人才会觉得幸福。

如此，这四种情绪都是合理且必需的。

但是，如果明明没有遭受严重攻击或伤害，却仅仅因为一点小事就立刻生气或焦躁，那么这种情绪就是非正当愤怒。

例如那些成年后无法控制愤怒的人，他们的潜意识中可能隐藏着"对方无法理解我"的悲伤情绪和"脆弱和受伤"的胆怯情绪。

这时，悲伤和胆怯是真挚的情感，而愤怒是假的情感。可怕的是，这种假的情感形成于孩子和父母的关系之中。

例如，如果平时总被骂"男孩子别动不动就哭！"，那么真正应该悲伤的时候，悲伤的情绪就会变成愤怒。

重要的是，父母平时就要接受孩子真正的情感。

"你生气对吧?""你痛苦对吧?""你担心对吧?""你开心对吧?"等,请通过语言和表情表达您的同感吧。

那样孩子就能渐渐地坦率表达出真正的情感,没必要再用假的语言去掩饰真正的心情。

而且,父母必须要教孩子感到愤怒时应该如何表达以及如何控制。

那时,父母首先要以身作则。如果父母自身难以坦率地感受和表达,那就很有可能会导致孩子无法直白地表达情感。

请您一定要允许自己"感受真正的情感",然后平时和孩子交流时,尽可能坦率地表达自己的情感。

虽说如此,但进入青春期的男孩一般都不会心平气和地和父母对话。青春期是成年与童年的中间期,恰好也是自立和依赖的中间期。

虽然孩子大多数时候会焦躁,但实际上他们有时也想和父母交流。请不要错过那样的氛围,您可以不经意地讲一讲你自己的事情,比如"今天啊,我在公司被课长批了。真令人厌烦啊!"可能孩子会出乎意料地鼓励父母,"那家伙肯定也是个寂寞的人吧"。

5

过度完美主义，做任何事情都过于努力

"我们家孩子的优点就是非常认真。学习认真，补习班和俱乐部活动也不中断，也一直坚持学习特长。"

和弘君（初中三年级）连周末也把俱乐部活动、补习班还有学习排得满满当当。

当他无法完成补习班的作业时，他会一直做到半夜，做完才去睡觉。他在别人家父母的眼里是令人羡慕的儿子。

但是，这样真的没关系吗？

也许这话听上去像挑拨离间，但连大人也做不到这样

完美地不断努力。

一个人每天全职工作,回家后干家务、育儿,周末除了从公司带回家的加班工作,还要为家人服务……这样的生活无论如何也无法继续吧?

实际上,正是这种努力的人容易陷入一种抑郁的状态,比如在某个地方燃烧殆尽然后"啪嗒"倒下,或者做任何事情都不开心,感受不到幸福等。

他们就像在作画一样,十分认真,而他们的父母大多也是过分努力的人。

于是他们的孩子在潜意识中就会觉得"无法认同真实的我""朝着更高的目标不断努力比任何事情都重要"。

如果父母是极度追求理想状态的完美主义者,或者是无所不能的人,那么在不知不觉间,他们可能也会对孩子抱有这样的期待。

虽然有的父母嘴上说着"不那么勉强也没关系的",但却会让孩子感觉努力是理所当然的——"能比别人多努力,这一点很重要"。

没有孩子不爱玩,也没有孩子不想开心。如果您觉得您的孩子似乎某些方面有点完美主义，那么请教他放松。

父母偶尔要和孩子一起度过一段慵懒的时光，或者看看搞笑节目，拥有可以真心欢笑的时光很重要。

6

不知为何，最近没什么精神

"小忠最近不论做什么事情都提不起精神，不仅如此，学校、补习班、俱乐部活动他都很不情愿，也几乎不和朋友出去，就在家里躺着或是打游戏……毫无活力。"

小忠念高中一年级，他的母亲最近觉得儿子没精神的样子十分违和。

青春期男孩窝在自己房间里，或是不像以前一样天真无邪地玩闹，这很正常。

但是，如果发现孩子出现没有食欲、失眠或者睡眠过度、神情疲惫的症状，以及和朋友发邮件和打电话的次数变少，为一点点小事就过度地哭泣、愤怒等，那就有必要稍加注意，因为孩子有可能会陷入抑郁状态。

尤其是青春期的抑郁症，很多家长容易把"过度焦躁""不开心"等表现当成孩子任性，等真正注意到有问题时为时已晚。

患上抑郁症（或者快要患上）的青春期男孩在潜意识中会认为"我不能开心""休息的我很没用""没用的我也许消失更好"。

如果觉得异常，建议尽早去专业医生处就诊。而且，孩子可能会在内心责备自己做不好事情。因此，请绝对不要说"你要努力啊！""怎么会这样？"之类的话。

我理解父母担心的心情，但对于能量枯竭的孩子，请默默地守护他们吧，为他们注入温暖的能量。

当孩子走出自己的房间时，请务必在起居室营造令他们感觉舒适的气氛。对孩子来说，仅仅如此也能拯救他们。

7

自我肯定感低下

"我们家的孩子尽说些没出息的话:'反正我这种人''我做不来'……"

和弘君(初中三年级)似乎有个总爱和别人比较的癖好,总觉得自己不行,任何事都会马上放弃。

为了身心健康地生活,度过幸福的人生,"自我肯定感"不可或缺。

所谓自我肯定感,即对于自己的信赖感——"我是一个为人所爱且爱他人的人,是一个仅仅活着也有价值的存在"。

自我肯定感很高的人既能信任自己，也能信任别人，因此容易构建良好的人际关系并在社会上取得成功。

相反，如果自我肯定感低下，那就不信任自己和他人，因此在人际关系和工作等方面大多会失败。

而且因为不珍视自己，心理和身体上也很容易产生问题。

因为潜意识中存在"我这种人没有价值""我不出生更好"的想法，所以在不知不觉间，其行为容易导致事故、伤害和疾病。

我在从事治疗工作中感到非常惊讶的是，很多自我肯定感低下的来访者，他们在人生中都多次想过"消失"。

自残行为和进食障碍等，也和自我肯定感低下有很大关系。有的人可能还会有"缓慢的自杀行为"，即通过伤害自己一点点消失。

不仅如此，自我肯定感低下的人因为认为"我并不是什么了不起的存在"，所以甚至允许别人伤害自己。

容易遭受欺凌和家庭暴力可能也是一种表现。

自我肯定感基本形成于孩子自幼时起和父母之间的关系。当孩子的自我肯定感低下时，您可能会觉得"啊？我明明那么爱护他"!

但是,比如当孩子还是婴儿时,您因为觉得一直抱孩子会导致孩子难以自立,所以就算孩子哭泣你也不抱他,可婴儿无法理解这是父母的好意,他们感觉到的是"即使我这么哭也不管我,我就是这样的存在"。

虐待、体罚、放弃育儿等行为自然会导致孩子的自我肯定感下降,但像这样,父母认为是好意的行为其实也会导致孩子自我肯定感下降,所以育儿真的很难。

您会觉得"但事到如今我也没法儿拥抱儿子了……"对吧?

的确,我觉得拥抱这件事很难。但是,您可以轻轻地和孩子碰个肩或者在某些情况下握个手。

实际上即便不做肌肤接触,您还可以靠近并紧紧拥抱孩子的内心,依然能够十分有效地提高孩子的自我肯定感。所谓"紧紧拥抱孩子的内心"即去了解孩子的心情、痛苦,去倾听孩子的心声。

然后,通过语言和态度将"我真心地爱着你"等想法传达给孩子。

如果儿子嘟囔着"反正我这种人……""我没出生更

好",请真心地告诉他,"对爸爸妈妈来说,你比我们的生命更重要哦!""因为你的诞生,爸爸妈妈真的很幸福。真心感谢你健康地出生"。

如果可以的话,请紧紧地拥抱孩子,这样会提高孩子的自我肯定感。

致身为父母的您

父母和孩子就像心理和身体一样紧密相连。如果心理受到伤害,那么身体就会脆弱。如果身体脆弱,那么心理也会脆弱。

同样的,如果父母的心理存在伤痛,那么孩子的心理也会受伤并产生某些问题……

在此,我将谈一谈作为青春期男孩的父母应该做好怎样的思想准备以及父母自身的问题。

◆ 为了将来成为重视自我身心的男性

虽然较以往已经有所改变,但如今男孩在社会上依然备受期待,在家庭中也承担着很大的责任。

或许因为如此，"男孩必须强"这种社会性想法依然根深蒂固，父母也常常在不知不觉间强制性地要求男孩要强——"你是男子汉对吧""因为你是男人"。

其结果就是，男孩成年后也过于努力，过于有责任感。其中甚至还有人因为一点点事情受挫就绝望，然后失去活下去的希望。

实际上，日本男性的自杀率压倒性地超过女性，有很多人即便努力后获得了成功，也已经消耗殆尽，无法感觉到喜悦和幸福，患上抑郁症。

与此相反，有很多男性被父母过度溺爱、没有责任感，在精神上和经济上都无法自立。

过度严厉不行，过度溺爱也不可。育儿真的很难。

为了让孩子对自己的人生负起责任的同时也能够重视自己的身心，培养自我肯定感很重要。

也因此，作为父母的您，首先自己必须拥有很高的自我肯定感。

◆ 治愈父母的童年创伤

我长时间从事亲子关系治疗工作，备受好评，并获得了分析很多亲子关系的机会。结果发现，孩子的很多问题实际上很有可能和父母的童年创伤有关。

翔君（高中二年级）从小就是天真烂漫的性格，升入高中后一到早上就说肚子疼，就不去上学。医院诊断他为过敏性肠道症候群的患者。

翔君的母亲有一个年长三岁的姐姐。姐姐十分优秀，但身体很弱，父母对她就像对公主一样。

翔君的母亲非常健康，但她好像很羡慕她的姐姐。

"我那时觉得，我这么省事儿，好像吃了亏。"母亲说。

因此，她为了让自己的孩子翔君没有那样的想法，非常重视他，但似乎有点保护过度。

我让翔君的母亲想象一下孩提时代的自己，对心中那个没得到父母照顾，总是觉得寂寞的"内在小孩"说一句"很寂寞吧？真的很想撒娇吧？一直在忍耐吧？"，接着紧紧地拥抱自己。

然后怎么样了呢？翔君的症状自然而然地消失了。

虽然这听上去很像谎话，但如果父母的内心得到治愈，那么孩子的问题也会得到改善。

如果孩子在身心方面存在问题，那就请闭上眼睛，把意识集中于您自己的身体。

您身体的脆弱点在何处？

您有肩周炎、腰痛、头痛、喉痛、湿疹吗？

请将意识集中于身体脆弱的部分，想一想如果它们要发言，那它们会说些什么呢？

也许偏头痛会说"每天净是些令人烦恼的事情！"，腰痛会说"偶尔让我好好休息下吧！"。

接下来，请您想一下，感到有压力时心情如何呢？

愤怒？悲伤？不安？焦虑？孤独感？无力感？

请试着回忆一下您这种心情很强烈的孩提时代吧。然后想象一下那个孩子的脸庞，仔细观察他的表情后再感受他真正的心情。

如果他寂寞或悲伤，那就请在想象中轻轻地、紧紧地拥抱他，然后告诉他："一直放任你不管真的很抱歉。你活着就是一个非常优秀的人哦。谢谢你！"

除此之外，请发自内心地感谢您的身心吧，对它们说一句"一直以来非常感谢你们，你们真的非常努力呢。偶尔休息一下，过得舒适一些吧。今后我会更加珍惜你们的"。

那是治愈您身心最好的方法。

守护孩子身心的"如果问题"

这些"如果问题",只要试着回答它们,身为父母的您的潜意识就会被揭开,您将获得启发,增强守护孩子身心的力量。

"如果现在只有一天,孩子回到了3岁,您想为他做些什么?当他再次回到现在的年龄时,您只能对他说一句话,你又想说什么?"

如何？

您心里满满都是"想紧紧地抱住他蹭一蹭""想一整天陪他尽情地玩耍""想一个劲儿地给他拍照"等想法吧！

您有说不完的话吧！比如"一直都很喜欢你哦""谢谢你出生""仅仅是你出生这件事，妈妈就觉得很幸福哦。"

您可能也想过"啊！如果真的回到那个时候……"吧！

但实际上，现在开始这样做也不晚。

的确，你们可能无法再像孩子 3 岁时那样一起欢度时光。

但请试着想象一下。当孩子到了 30 岁的时候，您是不是会觉得"啊！如果我在他青春期时对他那样说就好了啊"？

所以现在请一定不要害羞，说出真心话吧，这句话会成为培养孩子自我肯定感的力量。

第二章

男孩的真心会表现为这种态度和言行
——人际关系问题

据说人类90%的烦恼都来自人际关系。

但是，青春期男孩不会像小时候一样向父母诉说烦恼和问题。

关于人际关系的烦恼深深地潜伏并伤害着男孩的心理和人生。

为了守护孩子，请一定要关注他们『内心的呼喊』。

1

朋友关系不和谐

"我好像又被朋友排挤了。虽然没到被欺凌的程度，但怎么说呢，总觉得友情不牢固……"

广斗君（初中一年级）从小学时代开始和朋友的关系就不怎么和谐。

这时，首先不能认为孩子的性格有问题。父母无论如何都会偏袒自己的孩子，很难客观地看待问题。但很有可能正是这一点导致孩子被朋友们敬而远之。

请试着用严厉的眼光来看待自己的孩子吧，比如你可以这样沟通，"嗯，是不是因为你缺乏同情心啊""可能因为你太成熟了,所以你的朋友觉得你不可爱"等,也可以在和孩子一起观看电视节目和新闻时,不经意地告诉孩子"这么任性的话,你会被朋友讨厌的哦""有时候即便吃点亏,也应先站在朋友的立场上考虑问题,这样不错吧",这也是一个挺好的主意。

还有,如果觉得"我们家孩子有点不太会看气氛……",那么孩子有可能存在发育障碍。

如果您担心,可以试着去专业机构咨询一下。

发育障碍不是病,归根到底还是孩子的个性问题。因此,不要一个劲儿地要求孩子和别的孩子一样,而应该尽早采取有针对性的教育方法,令孩子的个性特质得到充分的发挥。

请父母阅读专业书籍并进行学习,从而掌握更多有利于孩子成长的方法。

交流方面,请在和孩子的对话中不经意地告诉孩子"当你转换话题时,先说一句'换个话题哦'比较好哦!",这样会更好。如此,孩子在接受建议的同时,也许会渐渐摆脱"不会看气氛"的状态。

2

频繁说朋友、前辈和老师的坏话

"义史的朋友看上去全是品行不良的人。这孩子真令人同情啊。"

小学六年级的义史君经常对母亲说朋友的坏话。

有些和母亲关系好的男孩会对母亲说周围人的坏话吧？但是如果非常频繁，父母就需要稍加注意，孩子有可能会被朋友和前辈、有时甚至被老师疏远。

如果养成了平时说别人坏话的习惯，那么即便有意识地控制，这种信息也会传达给对方，人际关系就会变得很差。

那些总说别人坏话以及批判他人的人，他们的潜意识中存在"我总在吃亏""别人不可信赖""别人会夺走我身边重要的东西""我必须一直赢"这些想法。

必须注意的是，如果父母平时谩骂、批判、批评、抱怨别人，那么孩子自然而然也会如此。

因此尽可能别在孩子面前谩骂、批判和抱怨别人。

还有，当孩子说朋友、前辈和老师的坏话时，首先要确认孩子是否遭到了欺凌，如果没有什么大问题，那就鼓励孩子站在对方的立场和心情去思考及处理问题，比如"这样啊。但是××君为什么会说那样的话呢？""哦哦。那么××君的优点是什么呢？"

如果父母称赞、认可别人和家人那就更好，比如"××有这么好的优点呢！""虽然我妈妈有时候会歇斯底里，但她其实很会体贴别人的。"

当然，也请不要忘记夸奖自己的孩子。每天发现孩子的一个优点然后夸奖他吧。

平时，无论多小的事情，您也要把感谢的心情传达给孩子，比如"啊，谢谢你帮我拿来酱油"等，这一点很重要。即便只是这些小事，孩子也会自然而然地改变。

3

兄弟之间常常吵架，并伴随暴力和谩骂

"我们家两个孩子之间关系很差。哥哥总是对弟弟又踢又打。"

小学六年级的正雄总是被年长3岁的哥哥敲打或者骂很难听的话。

每个家庭的兄弟都会吵架。尽管是兄弟吵架，也要分清是否可以原谅。

首先，无论是哪种情况，都严禁打人等暴力行为。

还有"去死""我要杀了你"等谩骂和伤害他人尊严

的话也不可以说。

很多兄弟会爆发激烈的吵架，是因为他们常常看到父母扭打争吵或者父母一方施加名为"管教"的暴力。

那些遭受暴力和谩骂的孩子，"无法相互理解时只能战斗""如果不让对方痛，对方就不会明白"，这样的想法在他们的潜意识中根深蒂固。

但无论是什么原因，人都没有道理可以伤害他人的身心。当看到年长的孩子打弟弟妹妹或者说出威胁的话时，请一定要立刻制止。这是家庭内部的欺凌。

请坚定地看着孩子的眼睛，认真地告诉他："无论什么原因都不能伤害别人。语言也一样。"

无论孩子的态度多反抗，您也要采取毅然决然的态度，绝不能让步，要不断地告诉孩子相同的话，这一点十分重要。因为这对于孩子的心灵和人生来说非常重要，这一点毋庸置疑。

4

因为性格成熟，所以总是吃亏

"因为我们家孩子很成熟，所以感觉他总是在人际关系上吃亏，我很担心啊。"

初中一年级的健一君可能是因为性格偏消极，所以似乎总在忍耐，很吃亏。

或许是受少子化影响，现在的父母都过于重视孩子，似乎越来越多的孩子非常任性，以自我为中心。其中，具有妥协性、懂得忍耐的孩子可能就有些吃亏。作为父母自然会着急。

我也教孩子"对朋友温柔一些，不能说任性的话和做任性的事"。或许是因为这样，他的确没有刁难别人，也没有做出任性的行为。

但是，我发现我的孩子到了小学中段的时候，"不知道为什么周围都是些性格强势、任性的孩子"。他和太强势的孩子做好友时，也曾说过"不想玩""不想去学校"。

我的孩子在潜意识中好像有"别人的心情比我的心情更重要"这种想法，无论别人说什么，他似乎都一味忍耐。

因此，我稍微改变了教育方针："你要温柔地对待温柔的人，对于不温柔的人就算了，对于讨厌的事情，你要明确地表示讨厌。"

我有一瞬间也想过教孩子"被欺负了就欺负回去"，但我又觉得这样会导致人际关系变成杀伐，所以放弃了。

讨厌的时候不能说讨厌——这着实是件痛苦又吃力的事情。孩子未来的人际关系也会因此而变坏，讨厌在公司上班。

虽然有所区别也很重要，但对于成熟的孩子，不要过度压抑他们的想法，而应该创造适当的机会，认可孩子的想法。

5

遭受朋友欺凌

"总觉得他最近勉强装作很精神的样子。拖鞋和体操服丢了，还在教科书上乱涂乱画……"

安彦君（初中一年级）在家里非常有精神，但在夜晚常被噩梦困扰，朋友还开玩笑似的写下"去死"的字眼。

青春期男孩即便遭到欺凌，大多数情况下也绝对不想被父母知道。虽然他们也有不想让父母担心的想法，但他们的潜意识中更多的是不安，不想让父母看到丢脸的自己。

实际上，很多遭受欺凌自杀的孩子都没能告诉父母事实。

如果您觉得孩子哪里奇怪，比如装作很精神、没有食欲、失眠，或者不明原因地长痣、东西破损、丢失物品和金钱等，那就必须尽快采取对策。

首先绝对不能过度担心，像发现什么万恶之事一样立刻逼问孩子"你是不是遭到欺凌了"！

孩子可能会隐瞒，然后更加不会说真话，最后被逼到绝境。

如果您觉得孩子想要隐瞒，那就请先体谅孩子的心情，让他们安心，然后告诉他们"爸爸像你这么大的时候也因为人际关系非常烦恼呢。一对一倒还好，面对很多人时很容易卑怯地被欺凌吧？无论什么事情，你都可以和爸爸商量哦""为了你今后不困惑、不丢脸，爸爸妈妈会守护你的，所以我们希望听你说实话哦"。

如果孩子看起来是因为欺凌而不想上学，没必要非得逼他们去。

如果您明确地判断孩子受到了欺凌，当然有必要和校方沟通，但是，并不能肯定校方和欺凌的孩子们会轻易承认。即便他们承认了欺凌，也很难肯定他们是不是真的不

会再实施欺凌。比起确定事情的黑白,守护孩子的身心更重要。

或者,如果孩子已经快被逼到绝境,那他可能会亲口坦白自己遭到欺凌。

我已经说过很多次,对于青春期男孩来说,被父母知道自己遭受欺凌这件事非常丢脸,战胜这种心理,把自己的秘密告诉父母需要非常大的勇气和觉悟。

那时,孩子恰好处于人生最大的痛苦之中。绝对不能对那样的孩子说哪怕一点点责备的话,比如"明明是男孩子却这么脆弱""你被欺凌,自身也有原因""你为什么不回嘴呢"。

首先应该表扬并感谢孩子坦白:"是吗,你说得很好。我觉得你很有勇气。谢谢你!"

然后告诉孩子您感同身受，会和他一起战斗并用生命守护他，"是吗？真的很痛苦啊""迄今为止，你一个人已经很努力了。无论发生什么事，爸爸妈妈绝对会用生命守护你""现在是人生中最辛苦、最痛苦的时候，但我们一定能一起度过"。排场、面子以及其他事情相较于孩子的生命与人生都是小事。

如果您真的走投无路，也可以考虑转校和搬家。根据不同情况，孩子可能会推迟几年升入高中和大学，但考虑到长久的人生，这并不是什么大事。

6

欺凌朋友

"总觉得他最近多了些没见过的东西,有时还有贵重东西。如果问孩子,他就说是朋友送的……"

彻君在念初中三年级,他的房间里不知不觉多了很多游戏软件和 DVD 等物品。

当孩子多了你不记得买过的东西,或者无缘无故有很多钱的时候,您在担心孩子有没有顺手牵羊的同时也要考虑到有没有欺凌别人的可能性。

大多数孩子会回答"朋友送的",但是,当出现高价物品或者廉价但数量很多的物品时，父母要加以注意。

另外，当孩子的态度和语言变得暴力或对弟弟妹妹发火，父母也有必要怀疑孩子是否受到欺凌或欺凌他人。

如果您知道孩子欺凌别人，请理所应当地斥责他"伤害别人的态度、语言、行为不可原谅"。

但实际上，孩子并不会因为这样就停止欺凌别人。

为什么这么说呢？因为他们明知这个道理却依然欺凌他人。即便他们知道这是不好的行为，也不可自控地实施欺凌。

欺凌他人的加害者具有某些痛苦的记忆，他们的潜意识记得"受过伤害"，例如小时候曾被父母虐待，或者即便只是小事，但当孩子压力很大时也容易做出伤害他人的行为，比如他们认为"得不到认可、不被理解、看不到我、没有自信"等。

首先，重要的是对孩子具有的痛苦产生共鸣。请不要生气后一味呵斥，而应该温和地听孩子讲述，接着问他们："你到底为什么会做这样的事情呢？"

然后，请倾听孩子的心声并与之产生共鸣，对孩子说"很痛苦呢""真够受的啊"，紧紧拥抱孩子的内心。

7

无法接受疼爱自己的祖父母以及宠物离世

"因为疼爱他的祖母半年前去世了,他渐渐不再开口说话,性情也变得狂躁……"

祖母去世时,政君(初中一年级)乍一看很有精神,和平时没什么两样,但他渐渐地关上了心门,态度也变得粗野。

我作为心理治疗师,迄今为止深入地走近过3000余人的人生。现在我明白了,如果一个人曾在青春期失去过重要的存在,且尚未顺利克服就继续长大,那么他的潜意识中就会残留"重要的存在突然抛弃了我，消失不见了""我不能悲伤"等信息，并会导致之后的人生产生问题。

从前大家族很多，祖父母在家中去世很常见，孩子可以自然地学习"死亡"这件事。但在小家庭化的现代，如果祖父母和亲密的人去世，很多父母为了尽可能地减轻孩子的负担，会让孩子远离"死亡"。

因此，孩子并未感受到大的悲伤，但心中一直残留着悲伤和寂寞……这些感觉可能会在以后困扰他们的心灵，影响他们的身体和人际关系。

我有个男性患者 A 先生（24 岁），他初中三年级时几乎不再去学校。之后，尽管设法去了私立高中，但他又马上不去上课，成天窝在家里。他在家里如果觉得烦躁，就大闹天宫然后破坏东西，有时还用小刀割伤自己的胳膊。就这样过了几年，A 先生的母亲又担心又疲惫，于是带着 A 先生来找我。

我在给 A 先生治疗的过程中了解到，他的祖母在他初中一年级时去世，而他在祖母去世之后才知道祖母很早以前就患了重病。

祖母非常疼爱 A 先生，他在葬礼上并不认为祖母真的去世了,所以难以真正地悲伤。

是的,失去祖母的悲伤和怨恨父母未告知他祖母病情正是A先生不上学、家里蹲以及自残的最根本原因。

A先生接受我的治疗后放声大哭。他内心的伤痛应该通过哭泣得到了治愈吧,之后,A先生渐渐能够回归社会生活。

祖父母、宠物等亲近的存在死亡或者濒死时,请不要让孩子远离,而是尽可能让他们一起经历最后的时光。这

样的话，孩子就能感受和重要存在的离别，然后去做自己能为对方做的事情。

在对方离开时，请和孩子一起在故人、宠物的遗体旁尽情哭泣、说话，倾吐悲伤和寂寞。

父母也要坦率地悲伤、哭泣，表达自己的情感"真的很悲伤吧？""很寂寞吧？"。如果有机会你们就说一说关于去世的重要存在的回忆，然后哭泣、微笑，和孩子分享你的想法。这样做，人能够一点点接受失去重要存在这件事。

致身为父母的您

我从多年的治疗工作中深切感觉到，人类90%以上的烦恼都和人际关系有关。

实际上，无论一个人的社会地位多高，赚了多少钱，如果他在人际关系方面存在问题，那他就感受不到幸福。对孩子来说也一样。

作为父母，一定有能为青春期男孩做的事情和应该做的事情。

◆ **为了丰富孩子的人际关系**

人们觉得现在的年轻人总以自己的步调做事，缺乏协调性，走上社会后也大多会愚弄周围人，然后被别人敬而远之。

导致如此状况的一大原因是交流能力

低下。为了提高交流能力，人需要具备"共鸣能力"和"表达能力"，前者即能够体谅对方的立场和心情，后者即展现出自己的想法和心情。

因此，请务必多多若无其事地和孩子谈话。例如看电视的时候，您可以试着无意地提出自己的看法："对于这个人说的话，你怎么想？妈妈觉得……"也可以对孩子说："这本书很有趣哦！"然后递过书，听听孩子的感想。

如果行不通，您就试着先和孩子商量事情，比如"妈妈被公司的上司批评，有些低落呢"等，这样做可以提高孩子的思考能力、共鸣能力等各种能力。

容易引发人际关系问题的另一个原因在于自我肯定感低下。一个人如果自我肯定感低下，那么即便交流能力高，也可能会过于附和对方，导致自己承受极大的压力。容易遭受欺凌的孩子和欺凌别人的孩子几乎自我肯定感都很低下。

父母自身坚定地拥有极高的自我肯定感，并且好好地传达给孩子，孩子才会觉得"我们所有人都有价值"。

如果连父母自己都没有自信，那么无论外表有多虚张声势，都会被孩子发现。因此，父母自身坚定地拥有极高的自我肯定感这一点很重要。

◆ 治愈父母的童年创伤

您可能会觉得："就算父母具有自我肯定感很重要，但事到如今我该怎么做？"

非常在理。

我总想隐瞒某些事情，所以我的自我肯定感比其他人低，也因此给孩子带来了很多麻烦。

我曾是个极度自我否定的人，通过学习心理学，我意识到我之所以自我肯定感低下，源于我在孩提时代和父母的关系。因此，我尝试治愈自己心中那个"幼小的自己"，对自己说温暖的话。然后我和孩子们的关系明显有所改变。

正处在青春期的儿子之前几乎把我视作不共戴天的敌人，后来也渐渐愿意和我沟通了。

这并不仅适用于我。以我近 20 年的治疗经历来看，我可以断言，如果父母得到治愈，那么孩子的问题也会改善。

当您觉得被欺骗了，当您为了治愈那个幼小的自己，当您习惯一个人时，请您想一想：

- 当您因为人际关系而感到有压力时，心里在嘟囔着什么？
- 您那时是什么样的心情？
- 您的身体有什么感觉？

请回忆那个时候，然后沉浸到当时的心情中。接着，请在心中想起"幼小的自己"，对他说几句话：

"有那么多得不到别人理解和认可的事情，很难过吧？如果有谁伤害了你，那不是你的错。没能帮助你，对不起。你一直很辛苦吧？你真的是个应该受到关爱的孩子！"

这样说真的很好，对吧？

如果这样做了以后泪如泉涌，那么，请允许自己大哭一场吧。

成年后，人们大多会觉得童年的悲伤记忆并不是什么大事，但潜意识中那个"幼小的自己"可能依然像那时一样，抱着膝盖，寻求帮助。请一定试一试。

改善孩子人际关系的「如果问题」

这些"如果问题",只要试着回答它们,身为父母的您潜意识就会被揭开,您将获得启发,让孩子的人际关系变得更顺畅。

"如果现在您回到了和孩子一样的年纪,并和他成为了同学,那么以您看来,他是个什么样的孩子?如果让您填空,'明明假如更( )的话,就会更受大家欢迎',您会填什么?"

父母很难客观地看待自己的孩子,对吧？试着假设"如果我是儿子的同学"，那您可能会意外地发现很多事情。

"如果我更积极一些，会不会受人喜欢呢？"

"如果我更能听进别人的话，会不会受人喜欢呢！"

"如果我更幽默些，绝对会受人喜欢的哦！"

诸如此类，您会从不同角度来看待问题。

"如果我怎么怎么做的话……"中的"怎么怎么做"，如果您只是单纯地告诉孩子，那就毫无意义。恐怕孩子只会露出一副厌恶的表情吧。

父母在和孩子交流沟通时一定要自己先践行"怎么怎么做"的部分，这样一来，孩子自然就会以您为榜样吧。

第三章

男孩能回答「为什么必须要学习」这个问题吗？
——学习问题

青春期孩子是否能够明确地知道学习的意义，是否可以自发地去学习？

学习能力决定了孩子人生中拥有多少选择项。

同样，父母能够灵活应对孩子的各种学习问题也很重要。

1

总之就是不学习

"我们家儿子就是不爱学习，刚刚才放下游戏和漫画，马上又拿着手机不放……"

高尾君（初中一年级）的母亲叹着气说道。

孩子不好好学习……这也许是所有父母共同的烦恼吧。但反过来想，父母的这种想法相当于他们觉得所有的孩子都希望"可以的话，不要学习，只做开心的事情"。

其实父母也一样。如果可以的话，我们都希望不做讨厌的工作，而是去旅行或者埋头于自己感兴趣的事情。

但是，因为成年后觉得"再更努力学习一点，进入更好的大学就好了""如果努力后能获得高收入就好了……"，所以我们就希望"至少想让我的孩子努力学习"。

那些叹息说"不学习很困扰"的父母，如果问他们："孩子不学习，困扰的是谁？"那么他们大多会回答，"哎？啊，是我"。

没错，虽然不爱学习将来可能困扰的是孩子，但现在困扰的是父母。

不学习的孩子的潜意识中，"尽可能享乐就是赚到""我就是个不学习的人"这类想法根深蒂固。

我非常理解父母担心的心情，但是，父母不可能按照自己的想法去控制青春期男孩。请静静地守护孩子，认真地教给孩子下一节中"学习的意义"吧。

2

如果孩子说"我不明白学习有什么意义"

"真是的！我们家孩子尽说些歪理，什么'我不明白学习有什么意义'……"

初中二年级的宏光君最近似乎将错就错，说"为什么必须学习？数学、化学这种东西在人生中真的用得到吗？我不想出国，英语也没什么用。"

从父母的角度来看，这听上去只是为了逃避学习的借口，但是"为什么必须学习？"这个问题，父母自己能给出合理的答案吗？

"别强词夺理,快去学习!""学习就是孩子的工作!"等答案只会让孩子觉得"果然没什么重要的原因"。

"学习是为了什么?"问出这个问题的孩子的潜意识中隐藏着"父母一定不知道学习有什么意义""为了可以认真学习,希望告诉我可以理解的答案"等想法。

我希望父母直面孩子的问题,然后准确地告诉孩子为什么要学习。

我将人需要学习的原因分为以下3点:

① 为了创造生存必备的原动力

所谓生存必备的原动力即如字面意思,是一个人独有的力量。

现在这个时代,仅仅考上大学、进入好的企业工作等很难令人觉得安心和幸福。因此,如果您拥有别人没有的专业能力,那就会获得财富和工作价值。

除了具备普通技能外,如果您还拥有其他能力,那就能成为专业性极强的人。例如,如果一名医生具备英语能力,那他就可以在海外获得医师执照,从而拓宽人生。如果一名注册税务师擅长写文章，那他就有机会撰写专业书籍。

② 为了培养克服人生困难的能力

人生当中困难不断。也就是说，当碰到困难时，只有拥有很多选择并做出贤明选择的人，才能过上更满足的生活。因此，思考能力和灵活性很重要，而这些能力基于学生时代接受的普遍性教育。人在孩提时代学习的各个学科可以令人脑全面地活跃起来。

③ 为了维护自尊

您的儿子将来也会结婚，他们可能也会觉得"我想守护妻子和孩子"。而他们是否能在经济上坚定地守护对自己来说非常重要的存在，这和身为一个男人的存在意义与自信有很大关系。

如果您能赚很多钱，就能买到相应的时间和自由。即便孩子现在满足于眼前的玩耍和快乐，但成年后要度过的时间更长。告诉孩子，"你是愿意现在玩耍、偷懒，以后没法儿进入理想的高中和大学，然后将来干压根不想干的工作，被迫长时间劳动，身心疲惫不堪呢，还是现在拼命努力，将来从事虽然困难但有价值的工作，然后渐渐实现梦想呢？现在要选一个哦。"

您可以像这样说，也可以告诉孩子您独特的理由，重要的是您要真心且坦白地说。

3

明明在学习但成绩却很差

"我们家孩子好像学得不少,但成绩还是很差。"

达也(初中二年级)的性格非常认真,每天孜孜不倦地学习,上课时听老师讲课,记笔记也很认真,但成绩总是位列下游。

孩子明明在认真学习但成绩很差,首先要明确地找到成绩提不上去的原因。成绩差并不是以父母的期望值为基础,比如学年内进不了前 10 名什么的。这里说的成绩差是指整个学年都位于倒数 10 名,或者没有取得与学习时间匹配的成绩。

一种原因是孩子有可能根本不知道学习方法。

如果孩子的学习方法效率十分低下，比如只是没完没了地把教科书和参考书的内容抄写到笔记本上，一个问题就花好几个小时去解答等，那父母应该给予辅导，或者给孩子找找补习班和家教。

另一种原因是孩子可能是受"学习障碍"等影响。

我记得我小学二年级的时候，好多字词句都不会读也不会写，班主任和我父母对此深感苦恼。每天放学后，我就一直盯着课桌旁的字母表，想方设法要记住这些字。

"我很笨，不管怎么学都做不好"这种想法在我的潜意识中根深蒂固。这种想法如今被视为一种发育障碍，名为"学习障碍"，但当时老师和父母连"发育障碍"这个词都不知道，所以毫无办法。

总而言之，如果孩子存在某些发育障碍，那么即便一味强求孩子学习也收效甚微，甚至还会在精神上将孩子逼进死胡同。

如果您觉得不放心，建议咨询专业医生。

4

孩子提出"想填报比之前志愿学校排名低的学校"

"孩子突然说'想填报比之前志愿学校排名低的学校'。因为机会很难得,我希望他能再多加努力……"

光一君(初中三年级)初一时曾定过志愿高中,现在他提出愿意去低两个排名的高中。

如果孩子说"我想填报比之前志愿学校排名低的学校",父母内心应该很复杂吧?

您可能会想说:"别这么胆小,努力!"可能会放心,

"比勉强来得好",也可能会变得不安,"这个时候让他受挫不要紧吧?"

首先请不要胡乱地发表意见,先好好听孩子说话。

如果这是孩子深思熟虑后的结果,那就请尊重孩子的想法吧。但如果这是孩子丧失自信、自暴自弃的表现,那么他们的潜意识中就有可能存在"无论我多努力都肯定不行""我想要父母帮助"等想法。

好好听孩子说,他为什么想填报比之前志愿学校排名低的学校呢?他真的从心底期盼这么做吗?然后和孩子一起思考,这样的决定在当下是否妥当?这样做有什么利弊?

虽然高中并不会决定人生,但高中时代身处的环境会对今后的人生产生极大的影响。希望您在靠近孩子内心的同时,也传授给他们作为大人的智慧。

请一定要冷静且慎重地思考该怎样做。

5

说想填报没希望录取的学校

"我们家儿子说要填报完全没希望录取的学校。真是的，好担心啊……"

友和君（初中三年级）提出想填报比之前的志愿学校高两个名次的高中。

这也会让父母的心情变得很复杂吧？不过似乎也有父母对此感到喜悦，"挑战的勇气很重要！你很厉害！"

当然，什么事情都力争向上，拥有挑战的勇气，这非常棒，但问题依然在于孩子为什么会改变志愿学校。

如果孩子突然产生干劲，在思考自己的未来时提出"我还是想去更好的高中"，那就应该让孩子放手一搏。

如果孩子的原因是"因为校服很好看""因为我的朋友也去"，那又该当如何呢？

倘若孩子有独特的、明确的理由，决定挑战自己，那我觉得也未尝不可。但也不乏是由于"人际关系乱七八糟"或"某些人说我的志愿学校很烂"等，显然孩子并未告诉父母实情。这种情况下，孩子的潜意识中隐藏着"想逃避""如果不去更好的高中我就完了"等想法。

如果是这样，那么让孩子仅仅填报比之前的志愿学校高两个名次的高中并非良策，因此，请尽可能多和孩子一起思考解决办法。

无论是填报比之前的志愿学校高两个名次的高中，还是坚持之前的决定，都应该认真讨论这两种选择有何差别以及如果落榜该怎么办。重要的是不要感情用事，而是要努力去理解孩子的内心和立场。

如果孩子始终无法理解父母的用意，那么父母和孩子将来都有可能会后悔。

6

因成绩而极度低落

"最近他好像因为成绩的事情非常苦恼……过度忧虑，总在想如果发生了什么事情该怎么办。"

秀和君（初中三年级）之前的成绩总在中上游，但是升入初三以后急速下降。他非常努力，但成绩还是上不来，且这种情况一直在持续。

就像此前所说的，如果明明努力学习了但成绩仍位于下游可能是因为孩子根本不知道学习方法。

这种情况下，如果父母帮忙辅导，或者利用补习班和家教让孩子掌握正确的学习方法，那孩子的成绩应该马上就会有所提高。

但如果原本普通或中上游的成绩突然下降又该怎么办呢？你一定很困惑吧。

这种情况常见于从小便被送去上补习班，提前学习知识的孩子。女孩相对早些开始成绩就比较稳定，但很多男孩的成绩在初中后半段才突然飞跃。

如果身边的朋友升入初三都在为考试冲刺、提高成绩，而自己的成绩却提不上去或者下降的话，那兴许会感到低落吧。

那时，绝对不能逼孩子："别撒娇！学习再努力一点！"孩子并非想要撒娇，他们可能是感觉到能力达到了极限，那时对他们要求苛刻只会让事态恶化。

因为成绩而情绪低落的孩子潜意识中可能会想不开，认为"我已经走到了人生尽头""我今后可能会渐渐变得没用"。

正是这种时候，请您紧紧地拥抱孩子的内心，然后告诉他，"你已经很努力了哦。暂时放下学习，放松一下，让大脑休息休息吧"。

孩子还有可能因为没能回应父母的期待而十分痛苦。因此，如果父母嘴上说着"不用勉强哦"，但潜意识中却存在"因为这点事情就输了可怎么办！""比别人更努力才能拥有比别人更好的人生"的话，那么孩子全都会察觉到。

现在请您想一想，您心底深处是不是对孩子存在过度期待，希望孩子比别人进入更好的高中和大学，希望孩子去做自己没实现的事情或者从事和自己一样的工作？

哪怕您觉得存在一点点这样的可能性，也请您坦白地告诉孩子。

"爸爸可能把自己的理想强加到你身上了。但是，你的人生是你的。无论你做什么样的选择，爸爸都会支持你哦。而且不仅仅是现在，在你今后的人生中，爸爸也会一直支持你哦。"这些话语会抚慰孩子疲惫的内心。

7

拼命去考的学校却没考上

"明明那么努力了,第一志愿还是没考上……也没食欲吃饭,怪可怜的。"

隼人君(初中三年级)为了和哥哥上同一所高中,非常努力地学习,但最后还是落榜了。父母十分苦恼,应该说些什么安慰他才好呢?

大多数父母会说"你已经尽力啦。还有很多其他的好学校,再努力就好"。虽然父母这样说,但拼命去考却落榜,孩子的心情十分低落,潜意识里会觉得"我的人生完蛋了"。

这可能是他们人生中的第一个大挫折。

如果能认识到这是因为偷懒或者不够努力,那孩子会觉得是自食其果吧。但是,当拼命努力了还是失败的时候,孩子的心情会更加低落,即便被安慰"你已经尽力啦"……

当然,很多情况下,即使一时低落,但孩子进入高中开始新生活后就会恢复精神。

但是,这个挫折也会导致有的孩子不上学、家里蹲、自残行为、青春期抑郁症以及产生严重的不良行为。

人生的第一个挫折对孩子来说十分重要,会成为他们人生的一个重大转机。

作为父母,请您一定要紧紧地拥抱孩子。

录取名单公布后,孩子的情绪应该会非常低落和消沉。有时他们可能还会在父母面前哭泣。

那时,即便父母只是轻轻地抱住他们的肩膀,握住他们的手,孩子也会冷静下来。

但大多数情况下,父母很难和青春期男孩做肌肤接触,所以请您告诉孩子,您紧紧地拥抱着他的内心。这一点非常重要。

当人生碰壁时、感到最吃力时，胜负的关键在于选择停滞不前还是恢复精神。无论一个人多么优秀、多么成功，也会有气馁和失败的时候。如果人是一棵树，当被失败的暴风雨席卷时，是咔嚓一下折断，还是像柳树一样，挺过风雨，当阳光再现时瞬间又恢复精神，这取决于一个人的内心是否坚强。

如果要让孩子内心坚强，就不能放任孩子不管，而应该紧紧地拥抱他们，这一点非常重要。

这样做，可以培养孩子的自我肯定感，让孩子认为"我是一个会被人爱、有价值的存在"。

自我肯定感高的孩子即便遭遇一些困难和失败也不会气馁，就算当下很低落，他们也会马上恢复精神。这正是因为他们的"还原能力"即内心恢复能力很强。

虽然青春期男孩往往觉得紧紧拥抱太过夸张，但父母有时也可以抱抱他们的肩膀，握住他们的手或者抚摸他们的后背。

此外，就如我多次所说，比起身体接触，更重要的是紧紧地拥抱孩子的内心。

当然，即便父母打算紧紧拥抱孩子，但如果孩子认为并非如此,那就不能算作是拥抱。

也就是说,比起小时候,青春期的孩子更难表达爱。正因为如此,父母才要努力地通过语言、表情和气氛将信赖、安心和爱传达给孩子。

您可以只是陪在孩子的身边,说一句"很可惜呢!爸爸也很遗憾。但你之后一定会觉得,'因为有了这次失败,我才能取得成功'"。或者即便您沉默无言,只是陪在孩子身边,当你们四目相对时就微微一笑,这样孩子也会知道他并不孤单。

如果父母还能做到紧紧拥抱孩子的内心,孩子一定会重新振奋的。

致身为父母的您

虽然人们质疑学历教育的正确与否，但说实话，日本依然还是学历社会。

实际上，高学历的人的确可以从事高收入的工作，也会过上更富裕的生活，即如果学历高，学习能力强，那么人生的选择和可能性也会变多。

那么，当儿子处于青春期即最困难的时期时，作为父母能为他做些什么呢？

◆ 孩子并不是父母人生的延长线

父母都希望孩子能生活得更好一点，拥有更好的人生，所以他们希望孩子刻苦学习，进入优秀的高中、大学，能够比别人有更多的选择。

尽管如此，青春期男孩却并不会顺从地听父母的话，不仅如此，他们还会表现出反抗的态度和无礼的措辞，有时甚至还会踩躏父母的内心。

的确，孩子不懂父母心吧！

当我儿子处于严重的反抗期，态度十分恶劣时，我有时甚至想掐他脖子。即便如此，我依然爱他胜过任何人，这一点也是事实。因此，只要我觉得是对他有利的事情，我就会苦口婆心地告诉他。

关于学习也是，一直到他初中为止，我都是事事过问。但儿子上初中二年级时，我罹患了重病，甚至已经做好了死亡的准备。

那时，我清楚地知道了——"啊，学习不好也没关系，没过上比别人更优渥的人生也没关系，只要这个孩子幸福健康地活着就够了"。我开始思考，我一直以来要求儿子好好学习可能并不是为了儿子，而是为了我自己，为了我自己放心和满足，以及为了打造一个被大家夸奖的儿子。这着实肤浅。

但有时，父母想要利用孩子来完成自己没能实现的事情，他们认为孩子的人生是他们人生的延续。

我到了濒临死亡的地步才明白自己真正希望的是什么。从那之后，我对儿子说："请你努力过好自己的人生，不要让自己后悔。"而不再一味地要求他"去学习"。

我康复后也为了不后悔自己的人生而开始拼命学习。有意思的是，儿子决定了自己未来的职业，选好了高中，十分享受他的高中生活，虽然高考失利两次，但他拼命学习后终于考上了能实现自己梦想的大学。

◆ 治愈父母的童年创伤

您的父母希望您从事怎样的职业，过怎样的生活呢？

也许父母并未明确地让孩子"成为医生""成为老师"，又或者他们什么也没说，但孩子可能都明白，"父母一定想让我成为公务员""父母希望我走他们的路"等，或者有人觉得"我们家父母只在意自己，对孩子的人生毫不关心"。

无论是哪一种，孩子能够有所感觉，那就一定有理由。孩子会察觉父母的心情和期待，然后在不知不觉间去回应。

如果您现在没有从事父母期待的职业，也没有选择父母期待的生活方式，而是过着另一种人生，那么在不知不觉间，您就有可能也让您的孩子选择这种生活方式。

即便您的大脑认为："没有那回事。我让孩子学习考上东京大学是为了孩子好。"但心底深处那个童年的您，也就是那个幼小的自己，可能觉得"虽然我做不到，但是我的孩子也就是我的分身应该可以做到"。

于是，您和您的父母一样，或者采用其他方法，去教孩子过怎样的人生。

如果您也有这样的苗头，那就请闭上眼睛，告诉那个幼小的自己，"你没事的！你可以好好地活着，长成大人，自己决定自己想做的事情，因自己肩负的责任而感到幸福。无论你从事工作，还是成为全职父母，你都能自由地选择生活方式并教给孩子。你一直很辛苦吧？但是，从现在开始你是自由的。你的幸福是最重要的。"

这样做的话，您对孩子的心态也一定会发生改变吧？

提高孩子学习能力的"如果问题"

这些"如果问题",只要试着回答它们,身为父母的您的潜意识就会被揭开,您将获得启发,丰富孩子的人生选择。

"如果你回到初中一年级,人生重新来过的话,你想做些什么?怎么做?报考高中和大学又会发生怎样的改变呢?"

您给出了怎样的答案?

"当然要从基础开始重新学数学,进入顶尖高中,考上东京大学,然后当上国家公务员。"

"从初中一年级开始就让父母送我去美国留学,然后上大学,再考虑回不回国,应该是这样吧。"

您会天马行空地设想另一种人生,对吧?请一定要把这个问题以及您的回答告诉孩子。这会揭开孩子的潜意识,让他们的人生走向更光明的未来。

第四章

拥有成为孩子「最后的堡垒」的觉悟和勇气吧

——亲子关系问题

当孩子真的陷入困境时是否信赖父母,可以说这在某种意义上是最重要的事情。

当你的儿子正处于青春期时,无论发生什么,希望你都有誓死守护他的觉悟和勇气。

1

态度和语言都呈反抗状态

"'你好烦''吵死了''没什么'……他最近净说这些话!真是气死了!"

健君(初中一年级)一直很爱撒娇,性格温顺,但现在却变得动不动就反抗,他的母亲非常焦急。

无论父母问什么,孩子都以"你好烦""吵死了""没什么"来结束对话,不仅如此,还常常无视父母……

作为父母,您也许会很急躁,"以前那么诚实可爱的孩子……如果不改掉他这种过分的态度……"

那些采取反抗态度的男孩，在他们的潜意识中存在着"小孩子才老实地听父母的话""父母是暴君，想用他们的想法来控制我"等想法。

而父母被孩子反抗，想和孩子正面对决，他们的潜意识中则存在着"把我当傻子我还得忍着吗""如果我输了，可能就会失去孩子"等想法。

正如我多次所说，青春期男孩为了成为大人，身心都处于"蜕皮"阶段。他们想通过采取反抗的态度，一点点脱离父母，变得自立。

因此，父母需要改变想法，比如某种程度上装作没看见和没听见，什么都不做。

但虽说是青春期，可也正因为是这个时期，有很多事情父母必须要教给孩子。父母必须牢记，放任孩子不管和照料关怀孩子是两码事。

批评和生气也不一样。如果孩子采取反抗态度，那么父母应该冷静地和他说话，不发火，也可以选择暂时抽身。

还有，父母不要总是耿耿于怀，最好有意识地立刻回到平时的气氛。

2

不遵守家庭规则

"我们家儿子超过晚上规定时间才回家，整天只玩手机，对父母说的话爱答不理的……"

泰三君念初中二年级，他的母亲今天也在叹气。

正如之前所说，青春期男孩表现出反抗的态度很正常，父母某种程度上要宽恕他们，但是，不遵守约定和家庭规则，则另当别论。

并不是说因为处于青春期就凡事都可以原谅。这就是青春期男孩的父母为难的地方。

如果一个男孩不遵守家庭规则，那么在他的潜意识中就存在着这样一种想法，"爱怎么玩就怎么玩的就是大人""约定和规范之类的，打破了也没什么好烦恼的"。

但是，如果父母对孩子不遵守家庭规则和约定的行为放任不管，那么孩子成人后就会招人讨厌，被贴上"缺乏诚信"的标签，还有可能变成不遵守时间、约定、规则的散漫之人。

因为不擅长控制自己，所以会影响到整个生活，孩子也会变成自控力很低的人。

父母可以不过度干涉青春期男孩，和他们保持一定的距离，关怀他们，但绝对不能放任他们不管。无论孩子多么反抗，作为父母必须教孩子的东西，也一定要好好教他们。

首先，请认真制定家庭规则，比如不能超过返家时间、手机的使用方法、用餐礼仪、绝对不能说的话和不能原谅的态度、金钱的使用方法、家庭职责。认真地定好规则，然后让孩子遵守吧。

3

威胁父母，把父母当作笨蛋

"如果不顺他的意，我们家儿子马上就会发火。"

如果听说早饭有讨厌的小菜，或者妈妈没有给他的新鞋子穿好鞋带，圭介君（初中一年级）就会发火："我迟到了！都怪妈妈！"

如果父母不顺他们的心就发火，把自己的失败归结到父母身上，自己不高兴的时候就对父母发火……这并不是青春期特有的反抗，只是任性而已。

可以说因为父母疼爱孩子、过于重视孩子，导致完全被孩子轻视。也因为目前的少子化问题，父母对孩子倾注了十足的爱。

虽然这是件好事，但有很多父母把孩子当成小国王一样对待。

孩子尚小时是个"有点任性的撒娇鬼"，当进入青春期后体形变大，情况会渐渐变化。有些父母害怕激怒孩子的情绪，会看孩子脸色行事。儿子和父母表面看上去是"青春期儿子和温柔的父母"，但实际上是"毫无秘密的国王和仆人们"吧。

父母本是因为溺爱孩子才这样做，但当孩子进入青春期后，立场开始反转，父母无意识地为了照顾孩子的情绪而温柔、操心。这样一来，孩子完全蹬鼻子上脸，行为举止旁若无人，变成了典型的"窝里横"，明明在外是坦率、成熟的孩子，但在家里却变得十分放肆。

还有些孩子，如果让他注意收拾房间，他就会说"妈妈明明就是靠爸爸工资吃饭的人，像个奴隶似的，还好像说得多伟大"，或是被父亲说"不认真学习可不行"时，他就会说"是啊是啊，如果不学习，我就会像爸爸一样，一辈子就当个廉价劳动力"等，平静地说出一些视父母为笨蛋的话。

如果在定期考试中成绩下降,他们可能还会把责任都推到父母身上,比如"因为前一天吃了妈妈做的料理,肚子不舒服,所以没考好"。

这相当于父母被孩子威胁和伤害,就像遭受来自孩子的职权骚扰。

这些孩子威胁父母,把父母当成笨蛋,他们的潜意识中存在一种错误的观念,即"父母是比我笨、比我没用的人""我是个特别的人,理应受到优待"。

如果把孩子的这种态度全都归结为青春期,那很可能会导致今后产生不好的后果。

任性的孩子会无法忍受学校和社会的严格与公平,会变得自暴自弃、闭门不出,成人后也可能一直啃老。

就算他们将来顺利就职,也无法和周围的人沟通交流,可能会反复换工作。即便结婚,他们也可能会把妻子当成父母,使唤妻子,还有可能会施暴。

父母无法忍受珍爱的儿子过上如此悲哀的人生,对吧?正因为如此,父母应该正确地看待自己和孩子的关系。

如果孩子的态度和语言有损父母的人格和尊严,那么无论孩子多么反抗,父母也要坚决阻止,请直视孩子的眼睛并批评他。

如果孩子把自己的失败怪罪到父母和其他人身上,那么请同样看着他的眼睛责备他。能好好斥责孩子的人,只有父母。

4

在家里大闹或在家里施暴

"不,没有家庭暴力那么严重。只是有时他在自己的房间搞得天翻地覆的……"

辉一君(初中一年级)最近如果被父母批评或者和兄弟吵架,似乎就会乱扔自己房间的东西,抓到什么就往墙上摔,还弄倒家具什么的。

我儿子青春期时住的房间的墙壁有一个洞。应该是当时我说了他几句,他反抗我,为了发泄滔天的怒气而砸出来的吧。

当我看到那个洞时，我清楚地记得我非常苦恼，心里想"这真的算家庭暴力吗？还是一种青春期特有的行为呢？"

最后，关于墙上的那个洞，我什么都没有问他。

此后我为很多家有青春期孩子的父母提供过心理治疗，我发现跟我儿子那种行为一样的案例不在少数。

我觉得某种意义上，这可能也是成长为大人的必经路上的一个仪式。

那么，怀疑属于家庭暴力是从哪个阶段开始呢？

虽然不能一概而论，但如果发现孩子屡次因为心情不好就把东西扔得乱七八糟或者搞破坏，那父母就应该采取对策。

那些在家大闹天宫的孩子，他们在潜意识中似乎在呼喊"我受到的伤害就有这么多！""看，如果我这么大闹，你们担心却也拿我没办法吧"。

孩子大闹时，父母不要慌张，首先要等待孩子安静下来，这一点很重要。

然后和孩子面对面地沟通："你也知道这样做不好吧？我想听听你的想法。"

如果沟通时孩子哭了出来，那就请您静静地握住他的手，紧紧地拥抱他的内心吧。

仅仅如此，孩子的心情也一定会平静不少。

5

和父亲对立

"可能是因为我老公总是抬手打儿子,现在他们两个人像敌人似的,一直冷战。"

诚君(初中二年级)的父亲一生气就会立刻怒吼、摔东西。母亲无法阻止发怒的父亲,对此很慌张。

进入青春期的男孩和父亲的关系十分复杂。对刚好处于由孩子成长为成年男性的人来说,父亲同为男性,是一个很重要的榜样,同时也是一个应该超越的标准。

有些人会采取并实践和父亲对立的方式,也有些人会尊敬父亲，同时又通过适当的反抗去克服成长问题。无论是哪种，儿子在这一时期都把父亲当作一个男人来看待。

正因为拥有这种客观性观念，孩子才会渐渐地脱离父母并确立自己的个性。

因此，父亲最好也要拥有紧张感，即"孩子把我当作一个男人看待"，同时为了成为孩子的榜样而努力。

但有些父亲精神上还没有青春期男孩成熟。比如他们一情绪化就马上会怒吼、摔东西等，这些都是精神不成熟者特有的行为，这是假借"管教"之名的虐待。

这样一来，孩子自然会和父母对立，双方关系也会变差。而且，如果孩子有一个精神不成熟的父亲，那么孩子的潜意识中就被植入一种悲哀的想法——"我不存在更好""我没有价值"。

倘若父亲假借"管教"之名体罚孩子，那么母亲有必要坚定地守护孩子的心理与身体。如果您没能守护最重要的儿子的身心，请从心底悔过并致歉。

6

孝顺父母,所以几乎不反抗

"我们家儿子非常温柔,经常照顾弟弟妹妹和帮忙做家务。嗯?反抗期?我们家儿子根本没有哦。"

武史君(初中二年级)的母亲一手将他拉扯大,他不仅常常帮助母亲做事,也几乎没有反抗过母亲。

温柔、经常帮忙、不反抗母亲,乍一看这是个令人羡慕的孩子。

但这或许并不是好事。

的确,孩子经常帮忙做家务很难得,但青春期男孩本来就因为学习、俱乐部活动、交友而繁忙，压力很大，他们主动帮忙应该有很重要的原因。

青春期男孩表现出反抗性态度是很正常的事情，如果孩子几乎不反抗父母，那么从发展心理学上来说，这个孩子令人感到担心。

据说现在没有反抗期的孩子越来越多。我觉得其中一个原因是父母和孩子的关系过于紧密，孩子没有想要反抗父母的想法。

对于青春期孩子来说，拥有"父母也是独立的人"这个客观性观点非常重要。为什么这么说呢？因为这样孩子才能离开父母，作为一个独立的人自立。

基于这个意义，所谓的反抗期可以说是为了自立的准备期。

现在"朋友型父母"越来越多，即父母通情达理，像朋友一样和孩子相处，他们比孩子现实中的朋友更重视和守护孩子，但或许正因为如此，缺失反抗期的孩子也在增加。

原因可能在于父母在精神上还没成为大人，作为父母害怕面对孩子，从而轻易地选择被孩子喜欢的相处方式。

可怕的是，如果孩子没能好好迎接反抗期，那么今后在深层次精神层面的自立就极有可能会迟到。

就像这个事例一样，如果孩子由单亲妈妈抚养长大，目睹了妈妈的辛苦，那么自然就会帮助母亲。

当然，这并不是坏事，但如果父母在不知不觉间依赖孩子，对孩子撒娇，孩子就会隐藏自己的情感和需求，而去迎合父母的期待。

这样的话，孩子很有可能早就丧失了自己的人生，而变成为了父母生活，有很多孩子因为不想让父母辛苦而选择不去上大学。

还有,如果父母想利用自己的孩子去实现自己没能实现的梦想,也可能会导致孩子无法顺利迎来反抗期。

父母不会怀疑自己剥夺了孩子的人生,因此就抱着一种"我这是为了你好""都是为了你"等希望孩子幸福、希望自己成为好父母的想法去和孩子交流。所以,孩子也努力去回应父母的期待。

就这样,孩子在不知不觉间成了父母人生的一部分,还来不及反抗就变成了父母的分身。

如果孩子几乎不反抗,老实地顺从父母或者帮助父母的话,父母应该悄悄地放手。为了让孩子走自己的人生道路,请一定要有意识地和孩子保持距离。

7

父母不睦、分居或离婚

"我和丈夫离婚了,很苦恼要怎么告诉儿子。"

薰君(初中二年级)的父母离婚了。再加上他正处于反抗的青春期,所以他的母亲很担心他受到重创。

如今在日本,每三对夫妻中就有一对离婚。父母离婚的孩子非常多。

离婚本身并不是坏事,而是没办法的事。也许夹在关系恶劣的父母中间被迫紧张度日的孩子更可怜。

我的来访者中,有很多父母为了孩子而没有离婚。当这些人回顾童年时几乎都觉得"我不希望父母为了我而忍耐""父母去选择他们的人生，变得幸福，这样更好"。

有些父母"为了孩子"而不离婚，他们的孩子在潜意识中深信"父母因为我才变得不幸""我必须让父母幸福""我对父母的人生来说就是绊脚石"。

可是，孩子其实并没有父母想象得那么脆弱。

当然，父母和睦再好不过，但为了孩子不离婚却是让孩子背负父母人生的责任。

因此，如果决定为了孩子不离婚，那就请和另一半回到友好的关系。倘若做不到，那就离婚，各自去过幸福的人生，然后让孩子看到你们很幸福。

即便不和孩子一起生活，对孩子来说，您也是他唯一的父亲或母亲。您一生都肩负着为人父母的责任，直到生命的尽头。

即便您和另一半分开，孩子也在关注您的生活，这在不知不觉间影响着孩子的人生。所以，即便离开孩子，您也要过好生活，无论何时被孩子看到都不会觉得羞愧。这是作为父母的责任。

对孩子来说最痛苦的事不是父母离婚，而是父母互相仇视，一方对孩子说另一方的坏话。

对您来说，您想和那个人离婚然后成为陌生人，但对孩子来说，那个人却是他在这个世界上唯一的父亲、母亲。

如果父母双方相互憎恨，会让孩子觉得是自己导致你们破裂的吧。所以即便您心里憎恨另一半，也请不要在孩子面前表现出来。如此，孩子就不会憎恨和他存在血缘关系的父母任何一方。

并且，您离婚时要告诉孩子，"爸爸和妈妈离婚了。真的对不起。但是，我们是你的爸爸妈妈，这一点永远不

会改变。即便我们分开生活，也一直会担心你、爱着你哦。无论什么时候你都可以见到爸爸。爸爸和妈妈今后也会一起努力让你幸福的"，如果可以的话，请紧紧地拥抱孩子。

当然，尽情哭泣也无妨。不要只把对孩子的爱放在心里，那样孩子是不会知道的。表达出来，才会传达给孩子。

孩子心底一定不会希望父母变得不幸。

如果您离婚后更光辉闪耀、更幸福，那么孩子应该就会放心，可以去走自己的道路。希望您下定决心"我要再次走向幸福的人生"。

致身为父母的您

孩子的青春期对父母来说是最好的试练。我曾经觉得做父母真不容易啊。青春期的孩子好像常常在试探父母的力量和爱。

但现在,我确信"没有哪一份工作比为人父母更幸福"。

请您先试一试吧。

◆ **您能成为孩子"最后的堡垒"吗?**

把一个孩子培养成一个独当一面的人真的很难。细细想来,我的试炼从我生下孩子的第二天起就开始了。

给孩子喂奶、轻轻地哄孩子入睡时,小婴儿会像着了火似的放声大哭。我叹了口气，然后又开始喂奶。

最后一直到天亮，我都完全没法儿睡觉，大脑都放空了，我很难过地想"唉，这种痛苦的日子还要持续多少年啊。1年？3年？到他成人……20年？我做不到啊……把他塞回肚子里就好了啊。"

那之后过了几十年，如果回顾过去……我作为父母的练习依然在继续。但我早就不再像那时一样觉得"想把儿子塞回肚子里"，也不再觉得痛苦。

可能这就是作为父母的成长。现在，我在想是不是存在"父母年龄"这种东西。比如，1岁孩子的父母，"父母年龄"为1岁，18岁孩子的父母，"父母年龄"为18岁。5岁和3岁孩子的父母，"父母年龄"合计8岁。

这样一想，我刚刚生下孩子时"父母年龄"还只有零岁，即便想法幼稚也很正常。

我生育了两个孩子，"父母年龄"即将花甲，在此我想告诉您几句话。明确地告诉孩子您爱他——如果您能做到这件事，那孩子的成长就没问题。

因为是孩子，所以他可能会经历很多失败，也会有很多不知所措的困惑。但是，如果一个孩子能从心底感受到被爱，那么他最后一定能生存下去。

被父母所爱的孩子，才有自信。当他们真的在人生中遇见困惑和不知所措时，就会向父母求助。

那时，父母全力帮助他们就好，那是对孩子来说最后的堡垒。拥有最后的堡垒的人不害怕失败，他拥有挑战的勇气。

基于这个意义，父母最终的作用可能就是在活着时做孩子最后的堡垒。

◆ 治愈父母的童年创伤

孩子原本就该被父母所爱、重视、守护着长大，但遗憾的是，并不是所有孩子都度过了一个幸福的童年。

- 您的父母全力地爱着您、守护您吗？
- 您从心底信任父母，像小孩子一样把身心都托付给了父母吗？
- 您觉得自己从父亲那里受到了怎样的影响？
- 您从母亲那里受到了怎样的影响？
- 这些给您如今的人生带来了怎样的影响？

您心底深处那个幼小的自己可能依然抱膝蜷坐在那里。谁都没有注意到您，您也没有哭，只是一直像那时一样……

请想象一下那个"幼小的自己"。

然后请向他提问，"你究竟希望父亲怎么做？""你究竟希望母亲对你说什么？"

如果他回答了您，那么请告诉他："是呢，你说得很好，谢谢你！我会为你做的。好吗？"

请您一直陪伴在他身旁直到他满足为止，然后下一次在想象中轻轻地把那个"幼小的自己"放到膝盖上，紧紧

拥抱他吧。接着,像抱婴儿一样抚摸他的背,摇晃他。

如果您的脸颊满是眼泪,那就是他的眼泪。

请告诉他"你可以尽情哭泣"。

是的,您自己有时也是需要被别人治愈的人,您也会想要撒娇。

改善亲子关系的"如果问题"

这些"如果问题",只要试着回答它们,身为父母的您的潜意识就会被揭开,您将能够获得启发,让您和孩子的关系更融洽。

"假设你突然被上天召唤。神给了你特别的关照,在孩子离世前,你有且仅有三次机会在他生日的夜晚入梦和他见面。那么你会选择在孩子几岁生日时入梦与他相见呢?你又会和他说些什么呢?"

这个问题有点悲伤吧?

您也许会想很多,比如"首先,在他下一个生日时见面,必须告诉他努力学习""在他 20 岁的生日时见面,告诉他'要和踏实的人结婚哦'""在他 60 岁的生日见面,告诉他'你也老了呢,注意身体哦'"。

儿子读初中二年级时,我得了一场大病,并做好了死亡的准备。那时我自我安慰道:啊,至少我不是因为事故突然死亡,真是太好了。

但也有些人因为意外的事故和灾害,在某一天不得不突然和亲爱的家人告别。

当然,肯定是不要发生那样的事最好。但患病以后,当孩子们或我自己外出时,我都会觉得"这可能是我们最后的告别"。于是,就算我们吵架,我也会说"出门注意安全"。

当您因为和孩子的关系而烦恼时,您可以想一想我现在说的这番话。

第五章

不上学和不良行为都是孩子的SOS
——危险行为问题

这一章列举的7个问题行为全都不容忽视，每一个问题都关乎孩子的心理、生命以及人生。

作为父母，请认真对待。

1

过度依赖手机和游戏

"吃饭的时候、睡觉的时候都抱着手机不放。好像还和陌生人在线打游戏……"

仁君(初中二年级)不仅整天用手机和朋友聊天,还有很多因为打在线游戏而认识的朋友。

如今对于青春期孩子来说,手机是他们和朋友保持联系的必需品。

比起和父母的关系,青春期孩子更重视和朋友的关系,在他们看来,交朋友是他们在学校和补习班确保自己有一席之地的重要事情，不可或缺。

父母没法儿轻易地夺走孩子的手机，但也不能无视他们拥有手机的危险性。

孩子通过在线游戏和网络轻易地与陌生人交谈，还有可能存在被卷入犯罪的危险性。

孩子可以轻易交谈的Line群聊也会变成疏远朋友及欺凌的滋生地。立即回复收到的信息才是好朋友，所以孩子们一天到晚捧着手机不放。还有，因为Line能看到对方是否"已读"信息，所以孩子的压力可不是一般大。

那些依赖手机和游戏的孩子，他们的潜意识中存在着"家人不理解我""想和别人交流"等寂寞感。

当然，青春期男孩并非不需要和家人交流。

他们潜在的需求并不是像小时候那样黏人的肌肤接触，而是日常不经意的对话和偶尔认真的亲子讨论以及总是温暖守护的视线等。

父母有必要在某种程度上管理孩子如何使用手机和游戏。请制定一些最低限度的规则吧，比如使用时间、无法告知朋友父母的事情也不在Line上告知陌生人、不玩暴力性游戏、不把手机带上餐桌等。

2

孩子不去上学

"孩子已经休学三个月了。我很担心,他这样下去是不是升不了高中了啊……"

智明君(初中二年级)从第二学期开始就一直不去学校上课,他现在昼夜完全颠倒,似乎深更半夜还玩游戏,看漫画,完全不学习。

如果孩子不上学,父母首先会惊慌焦急,觉得"无论如何得像之前一样去上学啊"。

但以我迄今为止的治疗经验来看,父母越担心,孩子就越不去学校,因此要多加注意。就像父母有时在工作上想偷懒一样,孩子有时候也想逃学,不过也有可能是真的生病了。

如果您对孩子的症状感到担心,请先带孩子去医院检查。

还有,最近很多孩子都说"为了备考不想去学校"。父母绝对不能漫不经心地回答"啊,你真厉害。那就不去上学吧"。

即便孩子的确想要备考,但为了定期考试和模拟考试就不去上学的做法是本末倒置。即便这样做了以后考出了好成绩,但以长远目光来看也没有什么意义。倒不如让孩子没能好好备考然后没考好,这种失败的经验较前者更为重要。

因此,请告诉孩子"不能为了备考就不去上学。即便你没考好,吸取经验下次好好考就行了"。

如果父母溺爱孩子,害怕孩子,那孩子就会有所察觉,然后折腾父母。

实际上,现代社会问题之一即成年后家里蹲,其中一个原因就是父母的过度保护和娇纵。

那些不上学的孩子在潜意识中认为"外面的世界很恐怖""除了父母以外的人会伤害我""我不想长大,一直做小孩吧"等。

因此,父母不能一味溺爱孩子,而要有放手的觉悟。一般来说,上学不迟到和每天去上学是必须做到的。

首先,父母要拿出父母该有的坚决态度,不行的事情就要说不行。

实际上,不去上学的孩子大致分为两种类型:

第一种,虽然不去学校,但会去补习班和自习,也会和家人、朋友一起外出。

第二种,几乎闭门不出,家里蹲。

如果有考高中等某些契机,前一种类型的孩子就能回归校园。但后者的情况有些棘手。

如果这样拖拉几年,就有可能继续家里蹲。不去上学的孩子焦急又抱有罪恶感。

如果可以的话,请让孩子自己选择"去不去学校上课"。

如果孩子说"我想去,但我不去",那就和孩子一起寻找能去学校的方法吧。找到方法前,请您告诉孩子"现在不去学校"。

"去不了"和"不去"完全不同。因为孩子自己决定"不去",所以可以说是主观性不上学。

那时,请对孩子说"是吗?现在你是主观性不上学,对吧?"

孩子不上学肯定有原因。如果是因为遭受欺凌而身心受到威胁,那么现在他需要休息,没必要勉强去学校。

在家里,请尽可能让孩子愉悦放松。当然,大前提是不让孩子过昼夜颠倒等毫无规律的生活。

3

欺负比自己小的孩子和小动物

"虽然他以前撕过虫子的翅膀,但对附近小学生耍威风这种事情,我觉得与他无关。"

明夫君(初中二年级)就像是附近小学生的头头。

如果孩子性格温顺,在同年级同学中属于从属型,但回到家后却只和比自己小的孩子及后辈来往,那父母就需要稍加注意。

父母也许认为"他会照顾年纪小的孩子们,非常棒",但这种行为也有可能是因为被同年的孩子当成傻瓜,受他们支配，然后把这股怨恨施加给比自己小的孩子。

那些欺负低龄孩子和小动物的孩子，他们在潜意识中认为"让弱者做事是应该的""如果觉得有压力，就去伤害比自己弱小的人，这样会觉得舒服"等。

请回忆一下，父母是否曾对孩子暴力相向，夫妻之间有没有家庭暴力，甚至，您给孩子玩的游戏、看的电影中是不是有很多暴力画面？

为什么这么说呢？因为如果孩子从小在日常生活中对于暴力行为耳闻目睹，那么他自身也容易具有暴力倾向。

一旦发现孩子有欺负昆虫、鸟、猫、狗等小动物的倾向，父母就要多加注意。

的确，如果孩子还小，他们也许会去踩蚂蚁，撕昆虫的翅膀，但如果小学中年级以后还做出这样的行为，那么有可能需要去看专业的心理医生。

无论如何，欺负年纪小的孩子和小动物都是一种危险信号。作为父母，请采取坚决的态度。

4

有偷窃、夜不归宿等不良行为

"真的无法相信他偷窃。他一定是被坏朋友唆使的。"

智明君（初中三年级）在便利店偷了预付卡然后受到了批评教育。父母认为这是因为最近他和一些风纪很差的朋友来往。

从前，做出偷窃、夜不归宿、恐吓敲诈、服用致幻剂等不良行为的孩子，他们的服装和发型明显跟普通孩子不一样，被称为所谓的"不良"小孩。

但现在好像再也找不到看上去就不是好人的孩子。

虽说如此，少年不良行为依然是一大社会问题，少年重大犯罪低龄化难以遏制。

现代少年不良行为的特征普遍表现为离家出走、吸烟、喝酒、服用违禁药物、夜不归宿、偷窃等。

这些孩子的家庭环境并非全都和以前的不良少年一样，比如遭受父母虐待、家庭不和、贫困等。

当然，如果存在这些问题，孩子变成不良少年的概率会变高。在现代，乍一看家庭毫无问题的孩子们也会有问题行为。

那么我们大人就束手无策吗？不，并不会。

我们可以先关注潜在的原因，然后采取对策。

导致孩子产生不良行为可能是因为父母更在意自己的生存价值，并以实现自我为先，也可能是因为父母在不知不觉间将自己的幸福和人生责任施加给孩子。这些都属于失衡行为。

正因为孩子接收到父母不会动摇的爱，拥有"不管发生任何事我都有家可回"的安心感，他们才能珍视自己，反复进行新的挑战。

父母通过肌肤接触、语言、态度给予孩子爱，而这些孩子能够切实地感受到"我是个很重要的存在"。与此同时，他们自然地认为"除了我以外的其他人也是重要的存在"。

因此，即便他们进入青春期后行为多少有些过分，但绝对不会伤害自己和他人。

一般来说，很多有不良行为的孩子在和父母的关系方面都存在问题，而且自我肯定感低下。

即便他们表面很有威力，很狂放，但悲痛的心声却响彻他们的潜意识。这种心声也许是"反正我这种人不是什么大人物""反正没有人会理解我""大人无法信赖"。他们的内心深处十分悲伤，"我做出这样的坏事，父母就不能放任我不管""通过这样伤害自己，向不爱我的父母报仇""好孤单"。

作为父母，这种时候一定要面对孩子的内心，止住那种悲痛的喊声，紧紧拥抱他们。

请想象一下，当孩子回到家时能松一口气的家庭是怎样的？

如果父母面对涉足不良行为的孩子时，一味地发牢骚、抱怨或者哭诉，那么孩子就会离家庭越来越远。

请明确地告诉孩子什么事情不可以做,之后当孩子回家时就不要再唠叨,为他们准备好可口的饭菜吧。这可能是拥抱孩子内心的方法之一。

5

异常在意别人的眼光

"我只是瞥了他一眼,他就说'看什么啊,别看我!'"

康弘君(初中二年级)似乎格外在意自己的外表,早上也会精致地打理头发,但他却会突然对家人咆哮"看什么啊"。

青春期的孩子很在意别人如何看待自己。因此,他们会突然为发型和服装等花很多心思。他们当下正处于形成"自我"的旋涡之中,这对他们来说很正常。

但如果孩子过于在意别人对自己外表的看法,那就有必要注意。

为什么这么说呢？因为这会使他产生丑陋恐惧症和人际恐惧症等心病。

丑陋恐惧症就是一种深信自己外表很丑的疾病。他人看来明明是无须在意的容貌，但本人却觉得丑得无法忍受，还有人戴口罩遮脸，或是闭门不出，还有人即便接受了美容整形也依然不满足。

人际恐惧症这种病症是因为他特别在意别人对自己的

看法，导致出现脸红、出汗、颤抖等症状，最终可能会闭门不出。

大多数人会随着长大而有所缓和，但少数人成年后依然如此。有这两种疾病的患者潜意识中都认为"没有人会接受真实的我""我某些地方很奇怪""我不如别人""别人不可信"。

这都是因为自我肯定感低下，源于幼年遭受过虐待、过度严格的管束、父母过度干涉等。

即便父母已经拼尽全力地养育孩子，但如果无法表达出孩子想要的爱和认可，那么就无法将这些感情传达给孩子。

从现在开始也不晚。请多多认可和表扬孩子，有时不经意地与孩子进行肌肤接触。

用语言和态度告诉孩子，您接受他最真实的一切。

也许有些孩子明明是男孩子，却有点像女孩，对女孩的衣服和物件感兴趣。

父母可能无论如何都想让孩子像个男孩，但现在在日本每十三人中就有一人是LGBT（参照第31页）。这并不是一种病或者特殊嗜好，而是与生俱来的，并不需要治疗。

我理解作为父母大多无法轻易接受这种情况，但如果否认孩子真正的性意识，孩子会觉得自己今后的人生都遭到否定。

他们在潜意识中会认为"父母不爱真实的我""我不能表现自己""我不能开心和幸福"。

因此，即便你觉得"咦？我家孩子好像有点奇怪"，也请先接纳孩子，爱孩子的一切。

然后，请做孩子最重要的朋友。

除了性意识以外，即便孩子在某些事情上表现出和其他孩子不一样的行为，首先请分辨那是疾病还是性格问题。

如果是性格问题，那就请您告诉孩子，你接受并爱真实的他。

如果您觉得那种行为可能是疾病，那就尽早去专业机构就诊，寻找原因吧。

当然，那时父母要做的事情也一样，一定要告诉孩子，您接受他真实的样子，紧紧拥抱着他的内心和爱着他。

6

做出危害自己生命的行为

"我发现儿子的笔记本上潦草地写着'想去死'。"

初中二年级的俊夫君最近为朋友关系不好和成绩不佳十分烦恼。

如果孩子说"想去死"……作为父母并不会感到焦虑和不安,对吧?

你会觉得孩子应该不是认真的。可相反,如果你认为"他该不会真的突然去寻死……"就会坐立不安了吧?

首先,当父母发现笔记本上潦草的文字时,不能立刻激动地对孩子说:"喂!你都在想些什么啊?"

孩子绝对不会对父母说出真心话。

请默默地观察孩子,然后冷静地寻找一个让孩子诉说的机会。

尝试在某个时机若无其事地将自己的亲身经历告诉孩子,"爸爸在你这么大的时候,也觉得很痛苦,也想去死"。(当然,这时可能需要一些杜撰)

如果孩子直接说"我现在就想去死"等,请不要挖苦孩子,也不要发火,好好地和孩子面对面交流,告诉他:"你现在很痛苦吧?我想听听你的想法,你为什么会这么想呢?希望你相信爸爸妈妈,我们想陪你一起战斗。"

然后看着孩子的眼睛,握住孩子的手告诉他,"无论别人说什么,无论什么时候,爸爸妈妈都站在你这一边""我们会用生命守护你"。哪怕哭着说也没关系。如果能够这样真诚地拥抱孩子的内心,那就一定能拴住孩子的心和生命。

7

做出割腕等自残行为

"我发现儿子手腕内侧有很多割痕。除此之外,他的脚指甲也剪得几乎只剩一半!"

广斗君(初中一年级)的母亲已经不知该如何是好。

以前就有很多孩子割腕。最近,除了割腕还有各种让自己疼痛的方法,比如剪指甲剪到露肉、用头撞墙、拔头发。

我有一个割腕的来访者说:"割了腕,我心情就会很爽。"用头撞墙的孩子说"反正没有人会理解我",剪指甲的孩子说:"虽然每次一点点剪指甲时都很痛,但不知道为什么，总有一种冷静下来的感觉。"

这似乎就是通过让自己疼痛来获得安心感以及一时之间让自己感觉还活着，消除无人理解自己的内心呼声。

那些做出自残行为的孩子，他们的潜意识中隐藏着"我这种人活在这世上也没有意义""我想消失""希望有人能关心受伤的我""希望有人制止我"等想法。

很多父母一旦发现孩子的自残行为都会发火："你在做什么！赶紧给我停止这么蠢的行为！"

但即便生气也无济于事。自残行为是孩子的求救信号。

请不要生气，倒不如哭着拥抱孩子受伤的内心，说："你很痛苦吧？"然后面对孩子身上的问题。

为什么这么说呢？因为很多情况下，父母的行为和生活方式就是孩子自残的原因。这真的很重要，因此请务必牢记。

致身为父母的您

读到这里,可能会有人觉得"一切都是父母的责任""我不是合格的父母"等。

的确,孩子的很多问题都源于父母,但父母也是人,没有一个父母是完美的,每个父母都有问题,都有没做好的地方。那么,该怎么办呢?

◆ 拿出勇气,试着表达自己的想法

在此,我想说一说我自己的故事。

我以前真的是个很不称职的母亲,让孩子受了很多苦。我意识到这一点后充满了罪恶感,失去了作为母亲的自信。

但我并没有将错就错,某个时刻我突然想:虽然我确实不是个称职的母亲,但

有一点是肯定的，这个世界上没有人比我更爱孩子们。不过，我有认真地告诉孩子们这一点吗……

因此，即便我多少有些不好意思，还是试着努力把这一点传达给孩子，不过我无法像欧美人那样很轻松地就说出"我爱你"。

我告诉孩子："你是这个世上最重要的人哦！"（这已经令我觉得很害羞）

于是，我和孩子们的关系开始一点点改变。身为父母，还有很多必须对孩子做的事情。

但是，就像我在序章部分说的那样，如果基本上能做到两件事，那我认为大致就没有问题。

第一，告诉孩子，你比世界上任何人都爱他。

第二，享受为人父母的感觉，让孩子看到你幸福生活的样子。

我认为如果能做到这两件事，那么孩子就不会有很大的问题行为，一般的问题行为也迟早会改善。

无论是多么反抗的孩子，都会希望父母健康幸福。而且，即便离开父母，孩子在父母在世时也依然会一直关注着父母是如何生活的。

就算父母离婚，和孩子分开生活也一样。父母的生活状态会转变成一种信息传达到孩子的潜意识中，并影响孩子的人生——"人是这样活着，这样死去的"。

家有青春期男孩的您，真的处于非常艰难的时期呢。

但是，请用语言和态度把您的爱告诉孩子，然后，您自己也会想过更丰富、更幸福的人生。

◆ 治愈父母的童年创伤

您喜欢自己吗？

您现在幸福吗？

您现在活得像自己吗？

您发自内心地满足吗？

您是好父母吗？

以前的我，对这五个问题会全都明确地回答"NO"！

我讨厌自己，总觉得自己很不幸。我找不到自己的生活方式，又对人生不满意，不是一个好母亲。

但随着我治愈了童年的创伤，对于这五个问题我能全部回答"YES"。

首先，请在想象中回忆一下幼年的您。

您能做那个孩子的父母吗？

如果可以的话，您会怎样养育那个孩子呢？

请试着在想象中养育他。

如果您没有信心做那个孩子的父母，那么谁适合呢？如果现实世界没有，去小说和电影里找也无妨。

请让那个人在想象里做父母——"如果是那个人，他应该会这样养育孩子吧"。

您本该被爱着,也是很有价值的人,因为您将来会被赐予神圣的任务,那就是成为父母,父母是人类最高贵的角色。

您的孩子比世上的任何人都爱您,信赖您,需要您的爱。

您能够选择过上美好的人生,去感受为人父母的喜悦以及生而为人的幸福。

如果那个孩子心情低落,您就要独自去拯救他。

请想象那个孩子由您认为理想的父母来养育他,然后回忆您成为小婴儿父母的那一天。

您一定会展望您和孩子的未来吧?

改善孩子问题行为的"如果问题"

这些"如果问题",只要试着回答它们,身为父母的您的潜意识就会被揭开,您将能够获得启发,让孩子远离不良行为问题。

"如果孩子的生命只剩下 3 个月,您想做些什么?您有什么想向孩子道歉的?您想说些什么?"

这对父母来说是最痛苦的问题吧。

"取出所有的存款,让儿子去做所有他想做的事情""作为父母没做好的地方向孩子道歉,全家一起去环球旅行""直到最后一天,希望他尽可能地和平时一样度过"等,只是想想也会流泪,对吧?

我通过治疗师这个工作了解了众多来访者的人生经历,我从中切实地感受到,人类最大的悲痛莫过于白发人送黑发人。因此才引出了这个问题。孩子先于自己离世这件事过于痛苦。大多数情况下,都是按顺序,父母先离开。所以,我们父母平时都基于这种安心感而生活。

光是想想失去孩子这件事就可以切实地感受到,无论如何,孩子如今活着就令人觉得十分感激。请您现在把您的答案告诉孩子。

终章

父母应该培养青春期男孩的5种能力和绝不能做的11件事

如果一名男性将来要得到金钱、成功、健康、爱，享受富裕满足的人生，那他就需要具备5种能力。

而且父母不能拖孩子的后腿。

所以，我还将介绍父母绝不能做的11件事。

请一定要参考我接下来所说的话，支持爱子走向光辉的未来。

1

父母应该培养青春期男孩的 5 种能力

①珍视自己的能力

就算一个人取得了很高的学历,工作非常好,赚了很多钱,但如果他工作过劳导致身心有损,那就等于得不偿失。而且,如果他和家人及周围人的关系都不好,那就不能称之为取得了真正的成功及获得了幸福的人生吧。

较女性而言,日本男性的自杀率每年都大幅上升。正因为如此,首先必须培养孩子珍视自己的能力。所以,父母必须教儿子控制悲伤和不安等情绪的重要性。

那时，父亲就是男孩的榜样。请父亲珍视自己的身体。

虽然为了守护家人，您的工作很重要，但请一定要让儿子看到您悠闲养生、非常快乐的样子。

②思考能力

人生原本就是一条坑洼不平的道路，所以人经常会绊倒受挫或者掉进洞里。重要的是那时您是否具有思考如何处理的能力。

当人失败或低落时，是否拥有多个选择去思考该怎么办，然后令事态向自己希望的方向发展，这一点决定了一个人成功的可能性是变高还是变低。

基于这个意义，思考能力或许也可以说是生存能力。

为了让孩子的思考能力有所拓展，父母不要过度保护和过度干涉孩子，这一点很重要。

如果是日常的小事，请让孩子自己做决定并对此负责，而父母只是守护他们即可。

如果他们失败了，那就让他们自己去思考接下来该怎么办。

③从挫折中站起来的能力

正如刚才所说,人生是一条坑洼不平的道路,所以人经常会绊倒受挫或者掉进洞里。

那时,孩子是否能够凭借自己的能力再次站起来向前走呢?

这也是非常重要的能力。无论多坚强的孩子,一旦屈服于挫折那就完蛋了。

因此,孩子需要具备处事的灵活性。要想具备这种灵活性,就要不害怕失败,勇敢战斗。

为此，请尽可能地让孩子经历失败吧。

父母不能觉得孩子可怜就为孩子悉数清除前行道路上的障碍物。

即便您觉得孩子可能会失败，也要让他去经历，孩子会通过失败学习成功的方法。请让孩子学会自己从挫折中站起来，并再次决定前行的方向。

④ 自制能力

为了将来成为工作和生活双赢的男性，必须具备自制能力。

想做的事情做不了，不想做的事情却要做……如果这种事情很多,那么孩子就会长成无法控制自己人生的大人。例如香烟、酒、药、异性关系、工作、运动等，如果一个人无法控制这些，那就会给健康和人生带来障碍。

情绪也一样。如果无法控制生气和不安等情绪，那就很难与上司和部下、妻子和孩子构建良好的关系。

虽说如此,但一直对青春期的孩子发牢骚也不是良方。

所以，父母首先要明确地和孩子定好规则，要求孩子无论发生任何事都要遵守这个规则，别的事情则可以放手。

⑤沟通能力

您的人生是成功，还是失败？或者哪种都称不上，只是过着平凡的生活而已？

我们或许可以说，这和一个人是否具备沟通能力有关。为什么这么说呢？因为把人带向更高层次的是人，拖人后腿的也是人。

如果一个男人被上司和客户爱护,被下属敬仰,被朋友信任,被妻子爱慕,被孩子尊敬,那么他的人生一定会成功。

因此,人必须具备共情力、想象力和表现力,共情力和想象力即照顾他人的内心和立场,表现力即展现出对他人的体谅。

请一定要和孩子沟通交流,每件事都要问他"那么××君是什么样的心情呢?""这种时候,如果是你的话你会说些什么?",再比如坦白地告诉孩子您的想法等。这样做的话,孩子的沟通能力自然就会有所提升。

2

父母绝不能做的 11 件事

①过度重视孩子

受少子化及父母的精神幼稚化影响,如今两极化父母越来越多,即要么非常重视孩子,要么对孩子放任不管。

重视孩子是件好事,但由于父母过度溺爱孩子,事事都要插手,导致很多孩子难以应付任何事情,除了学习什么都不会做。

那不是爱,只是父母的自我满足,也是娇惯。被娇惯长大的孩子会变成没用的人,遇事马上推卸责任。

如果真心爱孩子，请不要剥夺孩子的能力，而要培养孩子。

②过度放任孩子

最近，精神不成熟的父母似乎有所增加，比起孩子，他们更注重满足自己的欲望，比如虐待幼儿和放弃育儿。

就算没有到那个程度，也有父母对孩子的问题行为视而不见，觉得"因为青春期是困难的年龄段"，或者表面上是好父母，但背地里却为了实现自己的梦想而牺牲孩子。

的确，对青春期孩子来说，每件事都干预他们并不是好事。但即便如此，父母也必须做好准备，以便随时能应对孩子的问题。

因为如果不这样,所有事情都后知后觉,那么等到意识到问题时,问题就已经变得很严重。

所谓养育孩子,就是将自己人生的很多时间分给孩子。请保持紧张感,继续照顾孩子。

③不让孩子分担家务等家庭职责

青春期的孩子往往忙于学习、俱乐部活动和上补习班。尽管如此,什么家务活儿都不让孩子干也不是好事。

父母并不是让孩子为父母学习,父母给予了孩子学习的机会,也应该让他们好好地帮忙做家务。

但不能将照顾弟弟妹妹的任务扔给孩子,这原本是父母的责任,而应该根据孩子的年龄和生活情况,将打扫浴室、玄关和整理餐具等任务交给孩子。这会让孩子学会承担责任。

而且,不可以对正在学习的孩子说"谢谢你学习",但如果孩子帮忙做家务,可以说"谢谢你帮忙打扫浴室"。

为了让孩子懂得为别人做事的喜悦,请让他们承担家里的责任吧。

④不知不觉迎合孩子

我常听说现在的亲子关系非常好,父母和孩子不吵架,还一起玩游戏和购物,无话不谈。

亲子关系良好是件非常好的事,但不能过度。因为父母终归是父母,不是孩子的朋友和兄弟。

有些事情只有父母才能说,也有很多事情,正因为身为父母才必须严厉斥责青春期孩子。父母不能为了和孩子保持好关系或不被孩子讨厌就不知不觉迎合孩子。

青春期男孩尚处于大人和孩子的中间地带,他们可能还不知道什么是好什么是坏,什么事情可以被允许,什么事情不被允许。

决定界限并教给他们这些事情的,就是父母。

⑤什么事情都表扬孩子

据说最近人们都觉得"总之表扬孩子就对了",有些父母可能不管什么事情都会表扬孩子。

的确,表扬孩子是好事。但如果无论何时以及无论何事都表扬孩子,那么孩子迟早会成为过度自信的人。

这类孩子会没来由地觉得自己无所不能，当他们进入社会后，就会因为和现实的落差而感到十分痛苦。

他们可能无法接受自己不擅长以及做不到某些事情，深信"不是我不行，错在周围那些不理解我的人"。

的确，父母理应深爱孩子本身，但对于觉得不行的事情，父母也要清楚地告诉孩子"这件事这样做的话会更好哦""……不好"，这也是身为父母的重要责任。

⑥ 让孩子听到父母批判别人及说别人的坏话

现在，似乎很多青春期男孩都和母亲的关系很好，也会把学校里发生的事情告诉母亲。

听说，母亲也会向孩子倾吐平时的压力。亲子之间诉说真心话是件很棒的事情。但是，说别人坏话和批判别人是种负面性做法，有可能会伤害别人。

即便说者说的是别人，但听者在潜意识中会觉得是在说自己。也就是说，虽然本人想说的是别人的坏话，但却传达给听者的潜意识这种信息：他在攻击我。

请父母尽可能不要说别人的坏话。

⑦ 美其名曰"管教"却言行粗鲁

如今的父母已经不再像以前一样一有事就揍孩子。但即便如此，还是有些父母美其名曰"管教"却殴打孩子。

无论什么情况，打孩子或是拿东西砸孩子都属于虐待。还有，就算不是直接上手，在孩子面前砰地关门、砸东西、大声威胁、无视等行为也是虐待。

"我是为你好……"——这是父母的辩白。

父母只是通过攻击孩子来发泄自己的怒气和压力，但教育孩子时，并不需要威胁和伤害孩子。

遭受虐待的孩子成年后在身心及人际关系方面都会存在问题，而且当他们自己成为父母后，很有可能也会虐待孩子。无论发生什么事，请您都不要做出伤害孩子身心的行为。

⑧ 将自己的梦想寄托在孩子身上

我在前几章中也说过，父母曾经没实现的梦想、没考上的大学和憧憬的职业等不知不觉间变成了孩子的目标。

无论父母是否意识到这一点，都会觉得"这是为你

好""这是对您来说最好的选择"。父母的潜意识中潜藏着"利用孩子的人生来实现我没能实现的梦想"的想法。但孩子的人生并不是父母人生的延长线，对父母来说最好的未必对孩子来说也是最好的。

孩子的人生自然属于孩子自己。身为父母的您，人生还剩下很多时间。请尽您所能，让您的人生闪闪发光。

⑨ 只教孩子表面上正确的选择

教孩子道理，给孩子建议，给孩子忠告……父母有很多事情要传达给孩子呢,对吧?

　　父母理所应当要教给孩子伦理和道德,但那些未必是解决问题的正确选择。例如,虽说"要听从老师和前辈等长辈所言",但如果明明知道是坏行为却还照做,那就是错的。希望您教会孩子场面话和真心话的区别、事物的优先顺位以及"重视人的身心是最重要的"这个道理。

　　请和孩子构建这样一种关系——即便平时保持距离,但当孩子真的迷茫和困惑时,可以找父母商量。

⑩要求孩子一直做"男子汉"

　　"不愧是男孩子""男人不能哭""再男人一点"等,如果像这样故意赞赏或强行要求孩子做"强悍的男孩",那么孩子在潜意识中就会承受压力,比如"不能让别人看到我的弱点""不变强就得不到认可""我必须一直赢"。

　　请务必改正这种想法,教会孩子什么是真正的"强"。

　　所谓真正的"强",绝对不是看得到的肌肉、力气、权威和气魄,而是即便有时自己有所损失,也要守护重要存在及弱者的那份勇气,还有从失败中重新站起来的力量,以及温柔对待他人等。

请不经意地教给孩子什么是真正的男子汉吧。

⑪ 为了孩子过度牺牲自己

父母大多都认为"孩子比我更重要""为了孩子无法离婚""因为有孩子所以无法工作""为了孩子,即便是讨厌的工作也忍耐着"。如果父母抱着这些想法生活,那么即便嘴上不说,也会传达给孩子。

孩子当然会感谢父母,但除此之外还会有罪恶感,觉得"父母是因为我才变得不幸"。如果自己的存在阻碍了父母的幸福,那孩子会觉得无地自容吧。

所以,请您务必对自己的人生负责,从现在开始为了变得幸福而努力。父母生活幸福,孩子就会安心,就会得到救赎。

3

如果父母得到治愈,孩子的问题自然会解决

儿子小时候天真地喊着"爸爸、妈妈",一直黏在父母身边,可现在他心情不好的时候越来越多,渐渐地开始反抗,如果注意观察,您会发现他看你的眼神就像在看敌人。

青春期男孩的父母是不是或多或少都有这样的经历,觉得困惑和寂寞呢?

我作为母亲曾经缺乏学习,我还记得当我儿子进入青春期时,我拼命地想让我们回到从前那样的关系。但我越努力,儿子的心就离我越远。

现在想想，这是因为我当时没能理解什么叫"和青春期男孩保持刚刚好的距离"。

青春期男孩恰好处于依赖和自立的矛盾中，对于这种危险又不确定的立场，他们会感到不安和矛盾。所以，父母既不能希望孩子像小时候那样黏人，也不能放任孩子不管，亦不能和孩子成为敌人。

如果能做到表达爱的同时又保持适当距离，那么亲子分离就基本成功，儿子也能顺利成长。

话虽如此，但您会因为儿子可爱而不由得想像以前一样黏着他，对吧？

这对于父母来说也是一场"分离考验"。希望您注意，青春期是孩子人生中重要的转折期。孩子在这个时期具有的问题就是迄今为止您的教养方式暴露出的问题。

如果您无法很好地解决这些问题，那就很有可能影响孩子之后的人生。正因为如此，父母必须很好地处理这些问题。

本书已针对各种问题提出了处理方法，在此我想更深入地探讨一下。我在每一章中都谈到，父母和孩子的关系要深厚且紧密。

在过去的 20 余年中，我为受亲子问题困扰的来访者提供心理治疗，从中我发现，如果父母得到治愈，那么几乎所有孩子的问题都会得到改善及解决。

您可能会觉得有些奇怪，对吧？但这个理论其实有理有据。

我在序章中也曾说过，沟通分析理论认为：人在人生早期通过和父母之间的关系以及观察父母的生活方式，无意识地决定"我要这样生，这样死"，然后按此活下去。

这就像电影和电视剧的剧本一样被写进人的潜意识中，因此被称为"人生脚本"。

没错，孩子和父母的关系以及父母的生活方式会对孩子的人生产生极大影响。尤其是当孩子年幼时，他们和父母一体化长大。

父母和孩子就像镜子一般映照彼此。父母的内心创伤会在不知不觉间影响孩子，演变成不同形式的问题，而且这些问题还会随着孩子长大而变严重。

当然，我并不是说要无视孩子现在的问题，然后去治愈父母的心。

希望为人父母的您以各章内容为参考，首先恰当地处理现实问题,然后略加关注您自己的内心。

本书每一章的末尾都安排了治愈父母内心创伤的相关内容。无论多么反抗的孩子都希望父母幸福和健康。正因为父母健康和幸福,孩子才能放心地去挑战自己想做的事情。

请您更重视自己的身心,过上丰富幸福的人生。

后记

如果父母变得幸福，孩子也一定会幸福……

谢谢您读到最后。

如今正因青春期儿子而烦恼难受的您，真的，真的辛苦了。

您是不是有时生气，有时充满负罪感，有时又不知所措呢？

但是，正是那种时候，请您充满自信。因为您一直以来的辛劳就是您真心爱着儿子的证据。

无论何时都不会忘记。即便您想着"算了我不管了"，您依然会不由自主地担心孩子。我想，"如果您看到自己辛苦的样子，您也会希望有所改变"。

父母到底有多爱孩子呢？

但并不是生了孩子就成了真正的父母。

因为每天和孩子一起生活,将自己人生的时间和能量分给孩子,才是真正的为人父母。

"这个世上没有人比我更爱这个孩子,更希望他幸福。"能这样想的人对孩子来说才是真正的父母。

因此,即便青春期男孩因为尚未成熟而反抗您,您也无须动摇。只要您自己对身为父母这件事有自信,那就行了。

我儿子曾经那样反抗,但他现在成了一名兽医,拯救了很多动物的生命。虽然他依然和我交流不多,但他会在书店寻找我写的书。

序章中我就说过,我想通过这本书教给您的只有两件事,也已经介绍了各种方法。

第一件事是告诉儿子,您比任何人都爱他。

第二件事是就算是为了儿子,身为父母的您也要变得幸福。

为什么这么说呢?因为孩子挂念父母胜过父母挂念孩子。

父母通过养育孩子成为父母,但孩子自出生以后就比任何人都爱您、信任您。

是的,如果您不幸福,孩子就无法获得真正意义上的幸福。所以,请您享受您的人生。

请您狠狠地幸福。

希望本书对您有所帮助,哪怕只有一点点。

最后,真心感谢出版社的各位朋友,谢谢你们一直以来真诚相待。

尤其是负责策划并出版本书的编辑,他对他儿子们的挂念成了我撰写本书极大的动力。无比感谢!

最后的最后,我想对我的儿子说:

妈妈作为母亲还不成熟,但成为你的母亲是我人生最大的喜悦。

我对你的期望只有一个,那就是请你狠狠地幸福。

亲子心理交流协会代表 中野日出美